KB014365

사춘기를 위한

문장력 수업

사춘기를 위한 문장력 수업

오승현 지음

생각학교

들어가며

멋진 글을 쓰고 싶니?

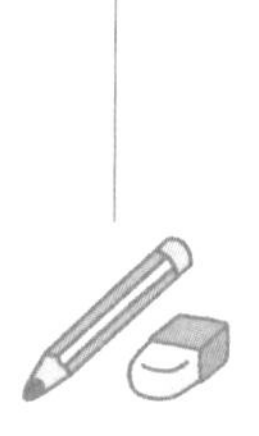

눈먼 노인이 구걸하고 있었어. 옆에는 "저는 시각장애인입니다. 도와주세요"라고 적힌 팻말이 놓여 있었고. 한 남자가 지나가다 펜을 꺼내 팻말에 무언가를 적었어. 그러자 돈통에 돈이 쌓이기 시작했지. 남자는 팻말에 뭐라고 썼을까? 그가 쓴 문장은 다음과 같았지.

"봄이 왔는데, 저는 볼 수 없어요It is spring, and I am blind."

현대 광고의 아버지라 불리는 데이비드 오길비의 일화야. 오길비가 표현만 살짝 바꾸자 결과가 달라졌지. 이렇듯 한 문장으로도 연민과 공감을 불러일으킬 수 있어. 문장이 지닌 힘이지.

하버드에서 가장 도움이 된 수업은?

"하버드에서 받은 수업 중 사회에 나가 가장 도움이 된 것은?" 하버드대학교 로빈 워드 교수가 1600여 명의 졸업생에게 물었어. 응답자의 90% 이상이 '글쓰기 수업'이라고 답했지. 하버드대 학생은 누구나 글쓰기 강의를 들어야 해. 1872년부터 이어져 온 전통이지. 놀랄 일도 아니야. 기자, 변호사처럼 글을 잘 써야 하는 직업군이 아니더라도 직장인이라면 보고서, 기획서 등을 잘 써야 하니까.

세계적인 공과대학 MIT는 글쓰기와 연관이 없을 것 같지? 그러나 MIT 학생들도 졸업하려면 글쓰기 과정을 반드시 마쳐야 해. 많은 졸업생이 글쓰기를 필수과목으로 지정할 것을 학교에 건의했고, 이에 MIT는 글쓰기 교육을 강화했다고 해. 대부분 기술자와 과학자인 그들은 업무의 35% 이상이 글쓰기와 관련 있다고 말했지.

모든 글은 문장에서 시작해. 문장 하나하나를 잘 써야 전체 글이 좋아지지. 벽을 세우지 못하면 집짓기가 불가능하듯 문장을 잇지 못하면 글짓기도 불가능해. 형편없는 벽돌로 집을 잘 지을 순 없겠지? 마찬가지로 글을 잘 쓰려면 문장부터 잘 써야 해.

'문장력文章力'은 하고 싶은 얘기를 명확하게 전달할 수 있도록 문장을 짓는 능력이야. 문장력이 받쳐 줘야 생각을 구체화해 글로 표현할 수 있어. 특히 요즘 사람들은 쇼트폼Short Form, SNS, 각종 줄임말 등 짧은 것에 익숙해. 혹시 가정통신문을 끝까지 읽어 본 적 있니? 핸드폰 톡조차 조금만 길어도 건성으로 읽고, 열 줄이 넘어가는 글은 눈길도 안 주지. 그렇기에 문장력이 더욱 중요해. 인상적인 첫 문장으로 독자의 눈길을 사로잡고, 명확한 문장으로 글을 끝까지 읽게 하는 힘이 거기서 나오기 때문이야.

좋은 문장의 네 가지 원칙

멋진 글을 쓰고 싶니? 멋지게 쓰려고 욕심내면 멋지게 쓰기 어려워. 연애편지도 그렇지 않니? 잘 써야 한다는 마음을 내려놓고, 쉽고 명확한 문장부터 쓰자. 그게 기본이야. 멋진 글은 기본에서 나와. 문장이 쉽고 명확할수록 글이 좋아지지.

문장을 잘 쓰기 위한 정답은 없지만, 좋은 방법은 있어. 전보다 더 잘 쓰고 싶다면 문제점을 찾아 고치면 돼. 그러려면 좋은 문장과 나쁜 문장부터 구별해야 하지. 그다음 나쁜 문장을 찾아 고치면 되겠지? 좋은 문장과 나쁜 문장은 어떻게 구별할까?

좋은 문장의 네 가지 원칙이 있어. 문장을 ① 짧으면서 쉽게 쓰고, ② 군더더기 없이 간결하게 쓰며, ③ 어법과 호응에 맞게 쓰고, ④ 자연스럽고 구체적으로 쓰는 거야. 이 원칙이 나쁜 문장을 가려내는 기준이지. 좋은 문장을 쓰고 싶다면 이 원칙을 마음속에 깊이 새기고 잘 지키면 돼. 이 책에서 주로 다룰 내용도 좋은 문장을 쓸 때 필요한 원칙이야. 쉬운 설명과 다양한 사례, 풍부한 예문이 친절하게 안내할 거야. 누구나 이 책으로 문장력을 기를 수 있지.

그러나 이 책을 한 번 읽는다고 문장을 잘 지을 순 없어. 수영을 책으로 배우지 못하듯이 글쓰기도 책으로만 봐서는 배우기 어렵지. 직접 써 봐야 글쓰기 실력이 늘어. 어떤 문장이 좋은 문장인지 알았다면 문장을 스스로 고치는 법을 익혀야 하지. 그렇게 문장 쓰기를 꾸준히 연습하다 보면 언젠가 잘 쓰게 돼.

글쓰기를 힘들어하는 청소년, 문장력을 기르고 싶은 성인 등 누구라도 이 책의 도움을 받아 문장력을 기를 수 있어. 글쓰기를 가르치는 선생님에게도 친절한 안내서가 될 거야. 잊지 말자. 처음부터 잘 쓰는 사람은 없고, 별안간 잘 쓰는 사람도 없어. 꾸준히만 하면 누구나 잘 쓸 수 있어.

차례
글쓰기

군더더기를 없애자 : 문장의 경제성

오리엔테이션

내 글은 안 읽히는데, 친구 글은 읽히는 비결이 뭘까?

영상과 이미지의 시대야. 전통 매체인 TV부터 유튜브, 넷플릭스 같은 OTTOver The Top, 틱톡이 주도하는 쇼트폼까지, 우리는 영상 콘텐츠가 넘치는 시대에 살고 있어. 2023년 기준, 국내 트래픽(인터넷 전체에서 차지하는 정보 이동량) 점유율이 구글 28.6%, 넷플릭스 5.5%, 페이스북 4.3%, 네이버 1.7%, 카카오 1.1%였어. 유튜브가 구글에서 발생하는 데이터 전송량 대부분을 차지한대. 그렇게 본다면 유튜브와 넷플릭스 등 영상 콘텐츠가 국내 총 트래픽의 3분의 1 정도를 차지하는 거야.

사람들은 점점 글보다 영상을 통해 정보를 얻어. 너희들도 그렇지? 궁금한 게 생기면 네이버가 아니라 유튜브로 달려가지 않아? 한국언론진흥재단이 2020년 발표한 자료에 따르면, 10대 청소년들이 관심 있는 주제가 있을 때 가장 많이 이용하는 검색 통로는 '온라인 동영상 플랫폼'으로 전체

응답자의 37.3%를 차지했어. 다음으로 포털 사이트(33.6%), SNS(21.3%) 순이었지. 유튜브가 포털 사이트 강자인 네이버를 앞질렀어.

그런데 화려한 영상 뒤에는 뭐가 있을까? 컴퓨터 그래픽이 넘치는 영화도 찍으려면 대본이 필요해. 감독이나 시나리오 작가가 직접 쓴 대본이든, 소설이나 웹툰 등을 고쳐 쓴 대본이든 말이야. 텍스트로 된 대본이 모든 영상물의 바탕이야. 영상의 뿌리는 글이지. 영화도, 드라마도, 게임도, 유튜브도 시작은 글쓰기야. 영상 콘텐츠에 글이 보이지 않아도, 사실 그 뒤에는 글이 있어. 유튜브 역시 완성도 높은 대본이 있어야 양질의 콘텐츠가 나오지.

최근 여러 대기업에서 글 잘 쓰는 인재를 찾고 있어. 일부 다국적기업에서는 파워포인트 발표를 없애고, 서면 보고를 되살렸대. 생각해 보면 이런 변화가 갑작스럽지는 않아. 최고 인재가 모인 기업들이 왜 글쓰기에 주목할까? 앞서 말했듯 동영상 콘텐츠, 온라인 서비스 등의 바탕에 글이 있기 때문이야. 제작자가 콘텐츠와 서비스를 설계할 때, 글은 콘텐츠의 뼈대가 되고, 사용자가 콘텐츠와 서비스를 이용할 때, 이를 소개하는 문장이 콘텐츠의 얼굴이 되거든.

글쓰기 능력은 현대사회의 필수적인 소통 기술이야. 글은 단순히 정보를 전달하는 수단이 아니라, 감정을 공유하고 관계를 형성하는 도구이기도 해. 글을 잘 쓰는 사람은 자신의 의견이나 감정을 효과적으로 전달할 수 있으며, 독자의 관심과 호감을 얻을 수 있어. 지금 시대에는 소셜 네트워크 서비스SNS나 콘텐츠 플랫폼 등을 통하지 않으면 소통이나 마케팅이 거의 불가능해. 흥미를 끄는 제목, 웃음을 자아내는 자막, 상품을 홍보하는 문구 등도 결국 문장이야. '글을 잘 쓴다'는 것은 지금 시대에 통하는 '콘텐츠를 잘 만든다'는 뜻이지.

문장력, 노력 없이도 읽히는 힘

취업 시장에서는 자기소개서와 면접이 중요하고, 대학 입시에서도 논술과 학업 계획서 등이 중요해. 특히 10대 청소년은 학교나 집에서 많은 글을 써야 해. 교과의 수행평가를 비롯해 창의적 체험 활동, 자유학기제의 다양한 프로젝트 수업에서 대부분 글로 결과물을 내야 하니까. 직장에서도 기획안, 보고서, 발표문 등 글 쓰는 일은 계속되지. 글쓰기 능력은 성공적인 직장 생활에 꼭 필요해.

미국 작가 매튜 퀵의 《용서해줘, 레너드 피콕》이라는 소설이 있어. 열여덟 번째 생일날에 예전 단짝 친구를 죽이고, 자신도 자살하기로 결심한 한 소년의 이야기야. 소설에 이런 장면이 나오지. 어느 날, 미술관에 간 주인공이 가느다란 선 하나로 그려진 그림을 보며 "이런 건 나도 그리겠네"라며 빈정거려. 그러자 옆에 있던 교사가 "그래? 하지만 안 했잖아!"라고 대꾸하지. 표현하지 않으면 아무 의미가 없어. 아무리 뛰어난 생각도 표현하지 않으면 없는 것과 같지. 머릿속에 있는 것을 표현해야 해.

그림, 음악 등 생각을 표현할 방법은 많아. 그런데 생각을 논리적으로 표현하려면 글을 써야 해. 글쓰기란 머릿속에 흩어져 있는 생각, 정보, 아이디어를 정리해서 여러 문장으로 만드는 작업이야. 단지 몇 개의 문장이든, 여러 장의 보고서든, 정리된 생각을 시각화해서 보여 줘야 하지. 긴 글이 아니더라도 문장력이 받쳐 줘야 자기 생각을 구체화할 수 있어. 글쓰기는 두 가지를 동시에 하는 작업이야. 글을 쓰면서 자기 생각을 정리하는 동시에 다른 사람에게 그 생각을 전달하지.

글을 잘 쓰려면 무엇보다 문장력을 갖춰야 해. 문장력이란 문장을 짓는 능력이야. 글쓰기에는 독해력·사고력·문장력이 모두 사용되지. 글을 읽고 이해하는 능력과 문제에 대해 스스로 생각하는 능력이 있어야 해. 그리고 자기 생각을 글로 표현할 수 있는 능력, 즉 문장력이 필요하지. 문장력이 있는 사람은 글에서 자기 뜻을 분명하게 전달해. 독자는 특별히 노력하지 않아도 글을 끝까지 읽을 수 있어. 문장력이 부족하면 이해하고 생각한 내용을 정확하고 체계적으로 담아내기 어려워. 얼마나 글을 잘 쓰느냐는 결국 문장력에 달려 있어.

같은 생각도 어떤 문장으로 표현하느냐에 따라 그에 대한 평가가 달라지지. 미래페이퍼라는 화장지 회사가 있어. 이 회사의 대표 브랜드는 '잘 풀리는 집'이야. 두루마리 화장지에 만사형통이 연상되는 '잘 풀리는 집'이라는 이름을 붙여 매출액을 끌어올렸어. 현재는 시장 점유율 2위를 차지하고 있지. 좋은 생각도 좋은 문장에 실리지 못하면 빛을 발하지 못해. 눈길을 사로잡는 상품 이름도 문장력에서 나오지.

글 잘 쓰는 거랑 성적이랑 관계있어?

우리는 생각보다 여러 곳에서 많은 글을 쓰며 살아. 과제물, 자기소개서, 보고서 말고도 수많은 글이 있어. 글이라고 하면 각 잡힌 글만 떠올리는데, 메일을 보내고 문자나 카톡으로 대화할 때도 우리는 글을 써. 간단한 메모, 연애편지, 심지어 분노로 가득 찬 경고문까지도 모두 글이지. 누군가에게 사과하거나 부탁할 때, 무엇을 설명하거나 의견을 나눌 때도 글쓰기가 필요해. 사람마다 글을 쓰는 횟수는 다르겠지만, 누구나 글을 쓰면서 살아가지.

따라서 글은 작가만의 전유물이 아니야. 누구에게나 일상은 글쓰기의 연속이지. 이렇게 쓸까, 저렇게 쓸까, 차라리 쓰지 말까를 열심히 고민해. 어떤 인사말로 시작할지, 어떤 단어를 선택할지, 어떤 문장으로 마무리할지, 혹시 상대를 불편하게 하는 말투는 아닌지 끊임없이 고민하는 거야. 더 좋은 글을 쓰려는 고민이지.

인터넷과 통신망에 접속하면 어떤 식으로든 읽고 쓰지? 하루 중에 읽고 쓰는 시간이 적지 않아. 유사 이래 가장 많은 사람이 글을 쓴다고 할 수 있어. 거의 모든 사람이 글을 써서 어딘가에 올리거나 누군가에게 보내는 시대를 살고 있지.

"지금은 글의 시대야. 인터넷을 봐. 더 많이, 더 자주 글을 써. 또 의외로 세심하게."

영화 〈논-픽션〉(2019)에 나오는 대사야. 네트워크 시대를 살아가는 우리는 어느 시대보다 많은 글을 써. 문자, 카톡, 채팅, 이메일, 트위터, 페이스북, 인스타그램, 포털 사이트의 카페와 블로그 등을 떠올려 봐. 직접 만나서 얼굴을 보며 대화할 때 빼고는 많은 사람이 글로 소통하지.

자기 생각을 정확하게 표현하는 능력은 살아가는 데 큰

도움이 돼. 제대로 된 문장력을 갖추면 자신감과 여유가 생겨. 언어는 대인 관계에서 첫인상을 결정짓는 중요한 요소야. 말과 글을 정확하고 조리 있게 할수록 소통이 원활하지. 소통을 잘해야 학교와 직장에서 관계가 좋아지고 성과가 올라가. 학교에서는 발표, 토론, 과제 작성 등에 큰 영향을 미치기 때문에 성적과도 밀접한 관련이 있어. 회사에서도 성과와 평판 등에 결정적인 역할을 하지.

단 '한 문장'에서 시작하자

초·중·고 12년에 대학까지 졸업해도 글쓰기가 여전히 어렵고 두려운 사람이 많아. 〈중학생들의 작문능력 실태 조사 연구〉라는 논문에 따르면, 중학생의 작문 점수는 100점 만점에 평균 49.53점이야. 많은 학생이 아래에 적힌 이유로 글쓰기가 어렵대. 이 중에 한두 개는 이 책을 읽는 친구들이 하는 고민일 수도 있겠지?

글쓰기가 어려워서 한 문장도 제대로 쓰지 못한다.

체험 학습 보고서를 세 줄도 쓰지 못한다.

잔뜩 쓰기는 하는데 핵심을 빼먹는다.

쓰기 숙제를 하는 내내 딴청만 피운다.

책은 많이 읽지만, 글쓰기는 힘들어한다.

아는 것은 많지만, 서술형 문제만 나오면 쩔쩔맨다.

직장인들도 글쓰기가 중요하다는 사실을 잘 알아. 《헤럴드경제》의 조사 결과에 따르면 직장인 77.7%는 기획서 작성 능력과 성공이 상관성이 크다고 답했어. 그러나 직장인 72%가 글쓰기를 어렵게 생각하고, 자신의 글쓰기 점수를 10점 만점에 평균 6.44점 정도로 낮게 평가했어.

안타깝게도 짧은 문장조차 제대로 쓰지 못하는 사람이 많아. 매일 무언가를 쓰지만, 글쓰기가 쉽다고 생각하는 사람은 별로 없지. 글 잘 쓰는 사람을 부러워만 할 뿐 글을 잘 쓰려고 노력하는 사람은 적어. 영어를 12년 넘게 배우고도 막상 미국인을 만나면 입이 떨어지지 않듯이 말이야. 학교를 16년 넘게 다니고도 글 한 줄 제대로 못 쓰는 사람이 태반이지. 일상생활에서 이메일 하나 제대로 쓰지 못한다면 어디서부터 잘못된 걸까? 자기가 일하는 분야에서 보고서 한 장 제대로 작성하지 못한다면 무엇이 문제일까?

여기까지 읽고 자기 이야기 같다고 느낀 사람? 그렇다면 딱 한 문장만 잘 쓰자고 결심해 봐. 마음이 조금은 가벼워지지? 글을 잘 쓰자고 하면 막연하고 어렵게 보이지만, 한 문장만이라도 잘 쓰자 결심하면 도전할 만한 과제로 보이지. 모든 글은 한 줄에서 시작돼. 문장이 쌓여 글이 되지. 한 문장도 제대로 못 쓰는데 글 한 편을 잘 쓸 수는 없어. 에베레스트산에 어떻게 오를까? 봉우리 하나부터 넘어야 해. 글도 마찬가지로 한 문장부터 연습해야 잘 쓸 수 있어. 즉 글쓰기의 기본은 문장이야.

쉽게 쓰는 비결이 있어

메뉴판, 안내문, 현수막, 포스터, 전단, 정부 홍보물, 회사 브로슈어 등을 보면 잘못된 문장투성이야. 온라인상에서 "제 의도와 달리 전달돼서 죄송합니다"라는 사과문을 보는 일도 드물지 않아. 핵심은 전달력. 전하고자 하는 뜻을 읽는 사람이 분명하게 알 수 있어야 좋은 글이야. 그러려면 쉽고 바르게 써야 하지.

어려운 문장이나 비문은 글의 질을 떨어뜨려. 문장을 잘 써야 글이 생동감과 설득력을 얻지. 콘텐츠가 좋아도 그것을 전달하는 수단이 나쁘면 설득력은 떨어져. 문장이 좋아야, 즉 글이 좋아야 독자를 설득하고, 독자가 감동하게 할 수 있어.

어렵거나 잘못된 문장은 메시지 전달을 오히려 방해하지.

문장은 쉬워야 해. 언어의 첫째 기능은 전달이야. 쉬워야 잘 전달할 수 있어. 뜻을 정확하게 전달하는 문장이 좋은 문장이지. 한 문장에 하나의 의미만 담고 표현도 쉽게 해야 해. 공 던지기 놀이를 해 본 적 있니? 공 하나를 주고받을 때는 공을 쉽게 잡아. 공 여러 개를 동시에 던지면 어떻게 될까? 상대는 어떤 공을 잡을지 몰라 다 놓치고 말걸. 한 문장에 여러 뜻을 담는 것은 한 번에 여러 공을 던지는 것과 같아. 독자가 문장의 갈피를 잡지 못하면 의미를 놓치게 돼.

'토스'라고 들어 봤어? 간편하게 돈을 보낼 수 있는 앱이야. 공인 인증서가 없어도, 상대의 계좌 번호를 몰라도 돈을 보낼 수 있는 '간편 송금' 서비스로 토스는 급성장했어. '금융을 쉽고 간편하게'가 토스의 슬로건이야. 금융을 어떻게 쉽게 만들 수 있을까? 여러 방법 중 하나가 글쓰기야.

토스는 UX 라이팅 전담 팀을 두고 있어. UX는 사용자 경험User eXperience의 줄임말로, 'UX Writing'은 서비스 이용자에게 정보를 쉽고 명확하게 전달하는 것을 목적으로 하는 글쓰기야. 쉽게 말해, 앱 화면에 뜨는 단어나 문장의 뜻을 바로 알아볼 수 있게 고치고 다듬는 작업이지. 토스의 UX 라이팅 전담 팀은 금융 용어를 쉬운 말로 바꾸는 일을 해. 어려운 용어를 풀어 쓰고, 불필요한 표현을 간결하게 고치지.

오늘은 카드값 결제일입니다. 그래도 카드값을 지금 선결제 할까요? 결제일에 카드값을 내면 카드값이 중복 결제될 수 있습니다. 위 경우 다음 날 결제 계좌로 재입금해 드립니다. (×)

토스 앱에서 카드 결제일에 '카드값 선결제' 메뉴를 클릭하면 떴던 알림이야. "오늘은 카드값 결제일입니다"와 "결제일에 카드값을 내면"에 '카드값을 낸다'는 뜻이 두 번 반복돼 있어. 이외에도 결제, 선결제, 중복 결제, 재입금 등 다소 딱딱한 단어들이 쓰였지. 실제로 토스 UX 라이팅 전담 팀은 이 문장을 아래처럼 고쳤어.

오늘은 카드값 나가는 날이에요. 같은 금액이 한 번 더 나갈 수도 있어요. 두 번째로 나간 금액은 내일 내 계좌로 환불돼요. (○)

위 문장은 불필요한 반복을 없앴어. '결제'라는 단어는 '(돈이) 나가다'로, '중복 결제'는 '한 번 더 (돈이) 나가다'로, '결제 계좌'는 '내 계좌'로, '재입금'은 '환불'로 바꿨어. 훨씬 이해하기 쉬워졌지.

UX 라이팅은 서비스 이용자의 나이를 고려하기도 해. 서비스나 콘텐츠를 이용하는 대상이 어린이라면 눈높이에 맞게 표현을 바꾸지. 친구에게 말하듯이 쉬운 말을 사용해. 예를 들어 "포인트를 지급하다"는 "포인트를 주다"로, "주소를 조회하다"는 "주소를 알아보다"로 바꾸지. 주로 긍정적인 표현을 사용하고 의인법을 활용하기도 해. 예컨대 "뛰지 마"는 "우리 걸어갈까?"로, "지구 환경이 파괴되고 있어요"는 "지구가 아파요"로 표현하는 식이야.

표현뿐만 아니라 내용도 쉬워야 해. 그러려면 독자의 눈높이에서 내용을 전개해야지. 혹시 복리라고 들어 봤어? 복리는 이자를 뜻해. '일정 기간의 이자를 원금에 더해서 그 합계액을 다음 기간의 원금으로 하는 이자 계산 방법에 따라 계산된 이자'라고 정의되지. 설명을 들어도 이해가 안 되지? 투자의 대가 워런 버핏은 자신의 투자 비법인 복리의 힘을 설명하려고 투자자들에게 이런 예를 들었대.

"1540년 프랑스의 프랑수아 1세는 레오나르도 다빈치가 그린 〈모나리자〉를 2만 달러에 샀다. 만약 그가 그 돈을 연간 6%의 복리 수익률이 발생하는 금융 상품에 투자했다면 어떻게 됐을까? 그의 재산은 1964년 무렵에 1000조 달러가 됐을 것이다."

어때? 복리가 정확히 뭔지는 모르겠지만, 돈을 버는 데 엄청나게 쓸모가 있다는 점은 잘 알겠지? 버핏은 이처럼 모두가 알아듣기 쉽게 설명하는 것으로 유명해. 버핏은 뛰어난 투자 실력과 쉽게 설명하는 능력 덕분에 세계적으로 인정받는 투자 대가가 될 수 있었어.

문장은 생각을 담는 최소 단위

지나친 음주는 암 발생의 원인이며, 임신 중 음주는 태아의 기형이나 유산, 청소년 음주는 성장과 뇌 발달을 저해합니다. (×)

2016년 보건복지부에서 내놓았던 음주 경고문이야. 한 문장 안에서 과음, 임신 중 음주, 청소년 음주의 문제점을 경고하고 있지. '임신 중 음주'가 주어고 '태아의 기형이나 유산'이 목적어야. 서술어는 문장 끝에 있는 '저해합니다'겠지? 그렇다면 임신 중 음주는 태아의 기형이나 유산을 저해한다는 내용이 돼. 뭔가 이상하지 않아? 임신 중 술을 마시면 태아의 기형이나 유산을 막을 수 있다? 의도와 반대로 임신 중 음주를 권하는 문장이 돼 버렸어. 다음처럼 고치면 좋겠지.

지나친 음주는 암 발생의 원인입니다. 임신 중 음주는 태아 기형의 원인이 되고, 유산의 위험도 있습니다. 청소년 음주는 성장과 뇌 발달을 막습니다. (○)

국어사전에서 '문장'을 찾으면 이렇게 나와. "생각이나 감정을 말과 글로 표현할 때 완결된 내용을 나타내는 최소의 단위." 문장은 완성된 메시지를 담는 최소 단위지. 메시지란 전달하고자 하는 내용이야. 정보든 감동이든 깨달음이든 글은 무언가를 독자에게 전하려고 쓰는 거야. 즉 전달력이 핵심이지. 전달력을 높이려면 쉽고 바르고 분명하게 써야 해.

글쓴이가 하고 싶은 말을 읽는 사람이 잘 읽고 이해할 수 있다면 좋은 글이야. 글을 쓰는 첫째 목적은 자신이 전하고 싶은 사실, 정보, 의견 등을 읽는 사람에게 정확하게 전달하는 데 있어. 그러기 위해서는 '짧고, 쉽고, 명확하게' 쓰는 것이 중요해. 글이 어렵거나 문장이 길면 읽기 힘들어. 결코 좋은 글이라 할 수 없지. 문장이 아무리 아름다워도 뜻이 전달되지 않으면 무용지물! 문장을 쓸 때 핵심을 놓치지 말자.

독자의 반응을 이끌어 내는 글쓰기

글쓰기는 재능 있는 사람이 특별한 무언가를 창조하는 일일까? 이렇게 생각하면 글쓰기가 두려워. 글쓰기 능력을 타고난 재능으로 여긴다면 우리가 할 수 있는 일은 없어. 재능이 없다면 잘 쓸 수 없을 테니까. 하지만 글을 못 쓰는 건 재능이 없어서가 아니라 이런 생각 탓이야.

너희가 주로 쓰는 글은 시에 가까울까? 아니면 제품 설명서에 가까울까? 시 같은 글도 더러 있겠지만, 대개는 설명서에 가까운 글일 거야. 이를 '실용 글쓰기'라고 불러. 설명서의 목적과 기능은 무엇일까? 전자제품 사용 설명서라면 해당 제품의 사용 방법을 쉽고 빠르고 정확하게 알려 주는 거야. 문학적인 글에는 어느 정도 재능이 필요할지 몰라. 하지만 실용 글쓰기는 노력하면 잘 쓸 수 있어.

우리가 자주 쓰는 글의 종류를 살펴보자. 이메일, 발표문, 활동 보고서, 자기소개서, 대입 논술 등이 있어. 페이스북·트위터·카카오톡 등 SNS에 멘션을 달거나, 인터넷에 각종 댓글, 상품평, 책이나 영화 리뷰, 블로그 포스팅을 적기도 하지. 대학에 들어가면 각종 리포트와 논문을 써. 직장인은 보고서와 보도 자료 등을 작성하지. 우리가 쓰는 글은 대개 실용적인 글이야.

글쓰기에 대한 오해 중 하나는 글 쓰는 일을 창의력과 관련짓는 거야. 글쓰기를 창작이라고 생각하지. 그래서 창의력이 없어 글을 못 쓴다고 여겨. 시나 소설 같은 문학적 글쓰기는 창의력이 중요할지 몰라. 작가들은 새로운 표현이나 이야기를 창조하지 못해 글쓰기의 괴로움을 털어놓지. 그러나 우리가 쓰는 실용적인 글은 창의력이 필요 없어. 실용 글쓰기는 창작의 영역이 아니라 정보를 조합하고 나열하는 방법에 가까워.

실용적 글쓰기의 목적은 한마디로 반응을 이끌어 내는 거야. 상대방으로부터 합격(논술), 학점(리포트), 취업(입사 서류), 결재(업무 보고서), 회신(업무와 관련된 글)과 같은 특정 반응을 얻어 내야 해. 그러려면 말하려는 내용을 정확하게 써야 하지. 자기 생각을 타인에게 잘 전달하는 게 중요해. 자전거 배우기와 비슷하지. 자전거 타는 법을 배운 지 얼마 안 된 사람에게는 자전거 묘기가 목적이 아니야. 목적지까지 안전하게 타고 갈 수 있으면 성공이지. 글쓰기도 그래. 처음부터 화려한 수식어로 수놓은 멋진 글을 목표로 삼지 말자.

실용적인 글이 문학적인 글과 크게 다른 점은 배울수록 실력이 나날이 다달이 발전한다는 거야. 문학 장르의 글을 쓰려면 재능과 감성이 얼마간 필요하겠지만, 실용적인 글은 기본 규칙과 세부 기술을 익힌 뒤 꾸준히 연습하면 잘 쓸 수 있어. 앞으로 우리는 좋은 문장을 쓰는 데 필요한 아홉 가지 원리이자 요령을 배우게 될 거야.

진짜 재능은 꾸준함이야

꾸준하게 연습하면 누구나 글을 잘 쓸 수 있어. 반대로 직접 써 보지 않으면 아무리 글쓰기 책을 많이 읽어도 잘 쓰기 어렵지. 음악이나 다른 분야에는 어린이 천재들이 있어. 그러나 천재적으로 글을 잘 쓰는 어린이는 매우 드물지. 글쓰기가 재능만 가지고는 안 되기 때문이야. 연습, 훈련, 경험 등이 무엇보다 중요하지. 특히 실용적 글쓰기는 재능이 아니라 훈련이 필요해.

몸값이 수백, 수천억 원에 달하는 프로 선수들도 매일 훈련해. 그들이 하는 훈련 중에 빠지지 않는 게 기본기 다지기야. 기본기가 튼튼하지 못하면 화려한 플레이를 하기 어려워. 마찬가지로 글쓰기도 기본기를 길러야 해. 이 책은 문장의 기본기를 연마하게 도와줄 거야. 한번 익힌다고 내 것이 되진 않아. 꾸준한 연습이 필요하지. 꾸준한 연습만큼 무서운 것도 없어. 자투리 시간을 활용해 하루에 20~30분만 글을 써 보

자. 일주일이면 세 시간이나 되지. 한 달이면 열두 시간, 일 년이면 140시간이 넘어. 일 년에 140시간씩 글을 쓰는데, 글쓰기 실력이 그대로일까? 아니, 당연히 실력이 늘 거야. 티끌 모아 태산이지.

백 번 듣는 것보다 한 번 보는 게 낫다는 백문불여일견百聞不如一見이란 말이 있지? 글쓰기에서는 백 번 보는 것보다 한 번 쓰는 게 나아. 쓰지 않고서는 잘 쓸 수 없어. 운동 영상만 봐서는 운동을 잘할 수 없듯이. 책 읽기와 글쓰기의 차이는 음식 먹기와 요리하기의 차이만큼 커. 음식은 누구나 맛볼 수 있지만, 요리는 아무나 하는 게 아니야. 음식을 맛보듯 누구나 책을 읽을 수 있어. 단어의 뜻을 이해하는 수준부터 내용을 재해석하고 비판하는 수준까지 천차만별이긴 하지만 말이야. 그러나 글은 누구나 잘 쓰는 게 아니지. 글쓰기에는 많은 노력이 필요해.

혹시 '1만 시간의 법칙'을 들어 봤어? 어떤 분야든 1만 시간 이상의 노력을 기울여야 전문가로 성공할 수 있다는 이론이야. 여기서 오해하지 말아야 할 부분이 있어. '1만 시간'은 성공하기 위한 필요조건이지 충분조건이 아니라는 사실이야. 즉, 1만 시간을 노력했다고 모두가 성공하는 건 아니지. 성공하려면 1만 시간의 노력이 필요하지만, 성공엔 다른 요소들도 필요하거든.

'1만 시간의 법칙'은 말콤 글래드웰의 《아웃라이어》라는 책을 통해 유명해졌지만, 미국 심리학자 안데르스 에릭슨이 발표한 논문에 처음 등장했어. 모차르트, 비틀스, 빌 게이츠 등 시대를 대표하는 천재들은 공통적으로 1만 시간을 노력한 후에야 자기 분야에서 두각을 나타냈지. 예를 들어 모차르트의 걸작으로 통하는 피아노 협주곡 9번은 그가 스물한 살 때 쓴 작품이야. 협주곡을 짓기 시작한 지 10년이 흐른 후였지.

물론 무턱대고 많이 쓴다고 잘 쓰는 건 아니야. 좋은 문장을 짓는 원리를 얼마나 이해했는지, 또 올바른 방법으로 노력했는지가 중요하지. 원리를 배워서 올바른 방법으로 꾸준히 연습하면 너희도 멋진 글을 쓸 수 있어. 꼭 1만 시간을 연습하지 않더라도 말이야. 우리가 글쓰기 대가가 될 건 아니니까. 그럼 다음 시간부터 본격적으로 좋은 문장 쓰는 원리와 비법을 살펴보자.

쉬는 시간

유명한 작가들도 매일 꾸준히 쓴대

소설가 무라카미 하루키와 가와카미 미에코의 대담집 《수리부엉이는 황혼에 날아오른다》에는 하루키의 신인 시절 이야기가 나와. 하루키가 "처음에는 잘 쓰지 못했다"라고 고백하지. 어느 날, 그는 편집자에게 자신의 문장력이 부족하다고 말했어. 그러자 편집자는 "괜찮아요, 무라카미 씨. 다들 원고료 받아 가면서 차차 좋아집니다"라고 대수롭지 않게 이야기했대. 매년 노벨문학상 후보로 거론되는 대작가도 처음부터 잘 쓰지는 못했던 거야.

"나보다 더 잘 쓸 수도 없고 더 못 쓸 수도 없다."

이성복 시인이 한 말이야. 자기 능력만큼 글을 쓸 수 있어. 자기 능력보다 더 잘 쓸 수는 없지. 적어도 실용적 글쓰기에서 그 능력은 재능이 아니라 노력이야. "글쓰기는 재능이다"보다 "글쓰기는 노력이다"라는 말에 귀를 기울이자. 글은 머리가 아니라 손이 쓰지? 부지런한 손만 있다면 누구나 글을 잘 쓸 수 있어. 노력하면 할수록 더 잘 쓸 수 있고. "글은 재능으로 쓰지 않는다. 엉덩이로 쓴다"라는 말이 그래서 나왔어.

작가 나탈리 골드버그는 "글쓰기는 글쓰기를 통해서만 배울 수 있다"라고 했어. 글쓰기 책만 읽어서는 글을 잘 쓸 수 없어. 직접 써

봐야 해. 자기 몸으로 직접 부딪쳐 봐야 배울 수 있지. 자전거를 넘어지지 않고 타려면 어떻게 해야 할까? 넘어지더라도 자꾸 자전거를 타야 해. 물에 빠지지 않고 헤엄치려면 어떻게 해야 할까? 허우적거리며 물 좀 먹더라도 물에 들어가서 첨벙거려야 하지. 그렇다면 많이 쓰면 저절로 잘 쓰게 될까? 목적지를 모르면 열심히 걸어도 목적지에 도달할 수 없어. 좋은 문장의 기준과 원리를 알아야 해. 그래야 바르게 쓰는 습관을 들여 좋은 문장을 완성할 수 있지.

1
교시

누가 읽는지를 먼저 생각하자 : 독자 설정

한 친구가 용돈을 올려 받고 싶어서 부모님께 카톡을 보냈어. "쫌쫌따리 용돈, 짜증 나! 힝구리퐁퐁. 정말 쌉빡스. 용돈 올려 주면 H워얼V." 카톡을 본 부모님의 반응은 어떨까? 무엇보다 '쫌쫌따리', '힝구리퐁퐁', '쌉빡스', 'H워얼V' 같은 말을 부모님이 이해하기 어려우실 거야. 글은 철저히 독자 입장에서, 즉 독자가 읽기 쉽게 써야 해. 그래야 뜻이 제대로 전달되지.

첫 교시 1장에서는 독자가 한눈에 이해하도록 글을 쓰는 일이 얼마나 중요한지 살펴볼 거야. 2장에서는 왜 한 문장에 하나의 생각만 넣어야 하는지, 긴 문장보다는 짧은 문장이 좋은지 이야기해 보자. 자, 그럼 바로 수업을 시작해 볼까?

1장

너는 모르고 나만 알면 무슨 재미니?

혹시 《사람 잡는 글쓰기》라는 책 알아? 이동통신 회사 SK텔레콤이 만들어서 직원들에게 나눠준 책이야. 통신 용어가 좀 어렵잖아. 외래어나 한자어, 전문용어 등 이해하기 어려운 말이 많으니까. 이 책은 그런 말을 쉽게 고쳐서 알려줘. 예를 들면 '익월'은 '다음 달', '요율'은 '요금 계산 방식'으로 바꿔 쓰자는 거지. '일할 계산'처럼 익숙하지 않은 말도 '날짜별 계산'으로 바꾸면 쉬워져. '잔존 가액'도 '현재 가치를 현금으로 환산한 금액'이라고 풀어 쓰면 바로 이해되지. 이 회사에서는 어려운 통신 용어를 알기 쉽게 순화한 《통신정음》이라는 용어집도 만들었어. '커버리지coverage, 범위'를 '이동통신 서비스 이용 가능한 지역'으로 안내하지. '망 내 회선'이라는 용어는 어떻게 바꿀 수 있을까? 'SK텔레콤을 이용하는 번호'로 순화했어. 서비스 내용을 고객이 쉽게 이해할 수 있어야 경쟁사보다 앞설 수 있다고 여겨서 이런 책을 만든 거야.

쓰는 건 나지만 읽는 건 누굴까?

글을 한 편 썼다고 생각해 보자. 내가 보기에는 쉬운데, 읽는 사람들이 어렵다고 하면 누구 생각이 맞을까? 한번 음식점에 비유해 볼게. 식당 주인에게는 음식의 간이 맞아. 그런데 손님들이 짜다고 하는 거야. 이럴 땐 당연히 손님들 입맛이 중요하겠지. 음식을 먹을 사람은 손님이니까. 글도 마찬가지야. 글은 내가 읽으려고 쓰는 게 아니잖아. 읽는 사람이 어렵다고 하면 어려운 거야.

글이 어려워지는 이유는 뭘까? 대체로 뜻이 분명하지 않거나, 자주 쓰지 않는 단어가 있으면 어려워. 그리고 글쓴이가 잘 모르고 쓰면 더 어려워지지. 잘 모르는 내용은 대충 얼버무리게 되고, 그러면 읽는 사람도 이해하기 힘들어. 자, 그러면 어려운 문장을 함께 고쳐 볼까?

> 우리가 일상적으로 섭취하는 수분의 가치를 제대로 인식하지 못하듯이 우리는 가정의 가치를 간과하고 살아가는 경우가 허다하다. (×)

뜻을 한 번에 알기가 어렵지? 초록색으로 표시된 부분을 쉬운 표현으로 바꿔 보자.

우리가 매일 마시는 물의 소중함을 모르듯이 우리는 종종 가정의 소중함을 잊고 산다. (○)

어때? 글이 더 쉬워졌지? 한 문장 더 고쳐 보자.

작업 중 통화는 집중력 저하 초래와 사고 가능성 증대를 결과한다. (×)

일할 때 통화하면 집중력이 떨어진다. 사고가 날 가능성도 커진다. (○)

자주 쓰는 말로 고친 문장이 읽기 편하고, 이해하기도 쉬워. 사실 어른들 보는 책을 청소년이 읽기에 어려운 이유는 문장이 어렵기 때문이야. 역사가인 에드워드 카가 쓴《역사란 무엇인가》라는 책이 있어. 거기 이런 대목이 나와.

사실事實이 스스로 이야기한다는 주장은 진실이 아니다. 역사가가 이야기할 때만 사실은 말을 한다. 어떤 사실에게 발언권을 주며 서열과 순서를 어떻게 할 것인가를 결정하는 게 역사가다. 사실이란 자루와 같아서 안에 무엇인가를 넣어 주지 않으면 일어서지 못한다.

어때? 내용을 쉽게 알 수 있니? 아마 어른들도 어려워서 이 글은 몇 번을 읽어야 이해할 거야. 작가 유시민은 자신을 지식 소매상이라고 불러. 그는 어려운 개념과 내용을 쉽게 전달하는 것으로 유명하지. 《역사의 역사》라는 책에서 유시민은 저 대목을 이렇게 풀이했어.

> 물론 사실은 중요하다. 하지만 앞서 말한 것처럼 역사가는 과거의 모든 사실을 알 수 없다. 아는 사실이 전부 기록할 가치가 있는 것도 아니다. 역사가는 과거 사실의 일부를 알 뿐이며, 그중에 의미 있고 중요한 사실을 추려서 이야기를 만든다.

쉽게 쓰니까 이해하기도 쉽지? 글은 자기 생각을 다른 사람에게 전달하는 수단이야. 즉, 남들이 읽으라고 글을 쓰는 거지. 물론 일기는 예외지만. 그런데 자신만 이해할 수 있는 언어로 글을 쓴다면 어떻게 될까? 아마도 뜻이 통하지 않는 외국어를 사용하는 것과 같을 거야. 전문 분야의 논문이 아니라면 누구나 읽을 수 있도록 쉽게 써야 해. 특히 모두가 바쁘고 정보가 넘치는 현대사회에서는 더욱 그래. 그럴수록 글은 한눈에 이해할 수 있어야 하지.

동생에게 들려준다는 마음으로

글은 얼마나 쉬워야 할까? 8장 〈구체적일수록 문장은 생생해져〉에서 자세히 다루겠지만, 쉽다는 말은 막연해. 쉽거나 어려운 정도는 사람에 따라 달라지니까. 누군가에게 쉬운 글이 다른 누군가에겐 어려울 수 있지. 글을 읽어 내는 능력이 사람마다 다르기 때문이야. 마라토너에게 운동장 50바퀴 돌기는 쉽지만, 꼬부랑 할머니에겐 한 바퀴 뛰기도 버거워. 마찬가지로 누구에게나 쉬운 글, 누구에게나 어려운 글은 없어. 결국 쉬운 글이란 많은 사람이 쉽게 이해할 수 있는 글이야. 그럼, 이제 막 한글을 뗀 어린이도 이해할 수 있게끔 쓰면 될까?

쉽게 쓰자고 말할 때는 분명한 기준이 있어야 해. 신문사에 입사한 기자들은 중학생도 읽을 만큼 쉽게 쓰라고 교육을 받아. 최근에는 초등학교 5학년 정도로 더 낮아졌다고 하지. 문예나 영화 등을 전문으로 다루는 잡지는 중고등학생 정도를 독자 수준으로 설정해. 단어나 문장 표현 등은 물론이고 전체 내용을 해당 타깃 독자에 맞추지.

어떻게 해야 글을 쉽게 쓸까? 세계적인 투자가이자 작가인 워런 버핏에게 강연장에서 한 청중이 글 잘 쓰는 비결을 물었어. 버핏은 이렇게 대답했지. "나는 누이동생들에게 이야기를 들려준다고 생각하면서 글을 쓴다. 여동생에게 쓰듯 쉽게 써라. 누이가 없다면 내 누이를 빌려주겠다." 만약 동생이 있다면 그에게 들려준다는 생각으로 글을 써 봐. 동생이 없다면 초등학생 동생을 상상으로 만들어 보자.

죄송합니다. 신고를 위한 **접속 집중** 등으로 홈택스 접속이 **원활하지** 않습니다. (×)

국세청의 '홈택스' 사이트에 위와 같은 안내문이 실렸어. 여기는 인터넷으로 세금 신고를 할 수 있는 사이트야. '접속 집중', '원활' 같은 표현이 아주 어려운 건 아니야. 그러나 초등학교에 다니는 동생에겐 다소 어려울 수 있겠지? 좀 더 쉽게 바꿔 써야 해. 글쓴이가 안다고 해서 '당연히 독자도 알겠지' 하고 생각하면 안 돼. 독자가 모를 수 있다고 생각해야 글을 쉽게 쓰지. 다음과 같이 고치면 읽기도 편해.

죄송합니다. 신고하려는 사람이 몰려 홈택스에 접속하기 어렵습니다. (○)

자기 생각을 정확히 전달하려면 쉬운 말로 써야 해. 쉽고 간단하게 쓸 수 있는 내용을 어렵고 복잡하게 쓰는 사람이 있어. 그러면 글이 늘어지고 독자는 이해하기 어려워. 멋지게 쓰려다 어렵게 써서 글을 망치는 거지. 소설《홍길동전》을 쓴 허균은 "어렵고 교묘한 말로 글을 꾸미는 것은 문장의 재앙이다"라고 했어. "글이란 자신의 마음과 뜻을 다른 사람에게 제대로 전할 수 있도록 쉽고 간략하게 짓는 것이다"라고도 했지.

독자의 언어로 소통하자

용돈이 적어 불만인 아이가 엄마에게 문자메시지를 보냈다고 하자.

> 용돈 적어 짜짜 짜증 나! 돈 없다고 쌉무시해요. 힝구리퐁퐁. 정말 쌉빡스. 용돈 올려 주면 H워얼V.

과연 엄마는 용돈을 올려 줬을까? 말과 글을 통해 어떤 목적을 달성하려면 먼저 뜻이 전달되어야 해. 뜻을 전달하려면 쉬운 말, 상대방의 언어로 소통해야 하지. 엄마에게 용돈을 더 받고 싶은 아이가 사용한 단어는 엄마의 말이 아니라 자기의 말이었어. 그 결과 소통이 안 됐고 용돈을 올려 받지도 못했지.

글쓴이가 충분히 소화하지 못한 글은 어려울 수밖에 없어. '이 정도는 알겠지' 하는 안일한 생각도 글을 어렵게 만들지. 전문용어까지 등장하면 더 어려워져.

이번 스프링 시즌의 릴랙스한 위크앤드, 블루톤이 가미된 쉬크하고 큐트한 원피스는 로맨스를 꿈꾸는 당신의 머스트 해브.

패션잡지에 흔히 등장하는 문장이야. 토씨를 빼면 우리말이 거의 없지. 대부분 영어를 소리 나는 대로 옮겨 적었어. 이런 문장들 탓에 10여 년 전에 '보그 병신체'라는 말이 유행한 적도 있어. 이 글이 화제가 된 이후 패션 업계에서도 과도하게 외래어를 쓰는 관행이 조금은 줄어들었대.

글은 독자의 언어로 써야 해. 무엇보다 쉬운 말을 써야 하지. 일상에서 많이 쓰는 단어를 써야 해. 어려운 한자어·외국어, 낯선 전문용어·학술용어, 바로 이해되지 않는 준말·고유명사 등은 쉽게 풀어서 써야 해. 굳이 어려운 단어를 찾지 말고, 사람들이 흔히 쓰는 말로 쓰면 돼.

두 개념의 사이에 있어서의 차이점을 논함에 있어, 그 구별은 함축적 의미에 관하여 행해져야 한다. (×)

위 예시처럼 굳이 어렵게 말할 필요가 없어. "차이점을 논함에 있어 그 구별은 ~ 행해져야 한다"라고 어렵게 말했지만, 결국 이는 "구별해 논해야 한다"라고 이해할 수 있어. "두 개념의 함축된 의미를 구별해 논해야 한다"라고 말해도 뜻이 충분히 전달되지. 다음 예시도 마찬가지야.

이 사건의 경우 그의 자작극일 가능성도 배제할 수 없다. (×)

이 사건은 그의 자작극일 수 있다. (○)

몇 개 더 예를 들어 볼게. "엄마는 유명한 베스트셀러 작가였다. 하지만 내가 엄마와 재회했을 때 엄마는 파산 상태였다." 이 문장은 그렇게 어려운 문장은 아니야. 무슨 뜻인지 알 수 있으니까. 그러나 좀 더 쉽게 쓸 수도 있지 않을까? 공지영 작가는 소설《즐거운 나의 집》에서 이렇게 썼어. "엄마는 세상이 다 알아주는 베스트셀러 작가였다. 하지만 내가 다시 엄마를 만났을 때 엄마는 빈털터리가 되어 있었다." 어때? 훨씬 이해하기 쉽지?

《애린 왕자》라는 책이 있어. 생텍쥐페리가 쓴《어린 왕자》를 경상도 사투리로 번역한 책이야. 가령 "오후 네 시에 네가 온다면 나는 세 시부터 행복할 거야"를 "오후 네 시에 니가 온

다카믄 나는 세 시부터 행복할끼라"로 옮긴 거지. 다음과 같은 내용이 압권이야. 어린 왕자는 보아 뱀이 먹이를 통째로 삼킨 뒤 소화하느라 6개월 동안 잔다는 내용을 책에서 읽어. 그래서 생각에 빠지지. 대개의 번역서는 이를 "나는 그것에 대해 깊이 생각했다"로 번역해. 밋밋하고 재미없지만 원문에 충실한 번역이지. 그런데 《애린 왕자》는 "머 이런 기 있나 싶어가"로 표현했어. 이렇게 번역하면 경상도 독자가 훨씬 친근하게 느끼지 않을까? 표준어 번역이 잘못됐다는 뜻이 아니라, 독자의 언어로 번역할수록 더 큰 공감을 얻을 수 있다는 의미야.

한자어가 많으면 숨이 턱 막혀

어른들 중에는 불필요한 한자어를 써서 글을 어렵게 하는 사람이 있어. 1900년대 초반에는 그런 사람이 더 많았지.

> 吾等은玆에我朝鮮의獨立國임과朝鮮人의自主民임을宣言하노라此로써世界萬邦에告하야….

이게 뭐냐고? '3·1 독립선언서'야. 1919년 3월 1일은 우리 민족이 일제의 식민지 지배에서 벗어나기 위해 민족의 독립을 전 세계에 선포한 날이야. 이날, 이 독립선언서가 전국에 울려 퍼졌지. 그런데 이 글은 아쉬움이 많아. 일부러 어렵게 썼기 때문이지. 위에 적힌 선언서의 첫머리만 봐도 숨이 턱 막히잖아. 조사와 어미를 빼곤 죄다 한자어야. 이것이 100여 년 전 우리 글의 현실이야.

여러 사람이 **대동소이한** 내용을 **중언부언**했다. (×)

여러 사람이 거의 같은 내용을 되풀이했다. (○)

위 예시에서도 '대동소이하다', '중언부언하다'처럼 어려운 한자어가 쓰여서 오히려 뜻을 알기 어려워. 쉽게 풀어 주니까 어때? 이해하기 더 쉽지? 일상생활에서 쓰이는 한자어도 쉽게 풀어 써야 해. '명일'은 내일, '익일'은 다음 날, '음수대'는 물 마시는 곳, '배식구'는 밥 타는 곳, '퇴식구'는 그릇 돌려주는 곳이라고 쓰면 돼. '타박상'은 맞아서 생긴 상처, '열상'은 피부가 찢긴 상처, '득실'은 얻고 잃음이라고 쓰자.

한자어가 들어간 문장을 어떻게 고치면 좋은지 보자. "그는 자기 눈앞에 벌어진 일에 경악을 금치 못했다." 이런 말 들어 본 적 있지? '경악'은 '소스라치게 깜짝 놀람'이고, '금치 못하다'는 '금하지 못하다'가 줄어든 표현이야. '금禁하다'는 금지를 뜻해. 여기서는 감정을 억누르거나 참는다는 뜻으로 쓰였어. '경악을 금치 못했다'는 '깜짝 놀랐다'나 '소스라치게 놀랐다'로 바꿔 써야 더 쉽겠지? 이처럼 고쳐 쓰면 더 쉬워지는 말을 몇 개 적어 볼게.

의견을 개진했다. → 의견을 밝혔다.

숙면을 취했다. → 푹 잤다.

혼선을 자초했다. → 스스로 혼선을 빚었다.

대한민국 국적을 취득했다. → 대한민국 국적을 얻었다.

면접 시간이 지연됐다. → 면접 시간이 늦춰졌다.

체력을 다 소진해 버렸다. → 체력이 바닥났다.

범죄 증거를 은닉했다. → 범죄 증거를 숨겼다.

한자어 대신 자주 쓰는 우리말로 바꿨더니 하려는 말을 알아듣기가 더 쉬워졌어.

우리신문이 한문은 아니쓰고 다만 국문으로만 쓰난거슨 샹하귀쳔이 다 보게 홈이라. 또 국문을 이러케 귀절을 떼여 쓴즉 아모라도 이신문 보기가 쉽고 신문속에 잇난 말을 자세이 알어 보게 함이라.

우리나라 최초의 민간 신문인《독립신문》의 창간 사설 중 일부야. 한자어로 가득한 독립선언서와 대조적이지.《독립신문》은 1896년 4월 7일에 첫 호를 냈어. 약 130년 전에 쓴 글이지만, 읽고 이해하기가 독립선언서보다 쉽지? 요즘 쓰는 글과 비교하면 단지 띄어쓰기와 맞춤법이 약간 다를 뿐이야.

《독립신문》은 국어사에서 두 가지 중요한 역할을 했어. 첫째, 우리나라 신문 최초로 한글만을 사용했어. 둘째, 띄어쓰기를 도입하고 그 이유를 명확하게 밝혔어. 상하, 귀천 구분 없이 모두가 볼 수 있도록 한글로 썼고, 누구나 쉽게 보고 이해할 수 있도록 띄어 썼다고. '읽기 쉽고 이해하기 쉽게'라는 글쓰기 원칙을 생각하면 지금 봐도 시대를 앞선 시도야.

'문 닫고 들어와'가 이상한 이유

어떤 운동이든 몸에 힘이 들어가면 제대로 하기 어려워. 수영이든 골프든 다 마찬가지야. 사진 찍을 때를 생각해 보자. 너무 긴장하면 표정이 굳어서 얼굴이 어색하게 찍히지? 글도 다르지 않아. 몸에 힘을 빼야 해. 잘 쓰겠다고 힘주면 글은 더 어렵고 딱딱해져. 문장이 길어지고, 문맥이 복잡해지고, 내용이 어려워지고, 초점이 흔들리지. 즉 읽기 힘들어져. 독자가 읽기 힘든데 메시지가 잘 전달될까?

그렇다면 어떻게 쉽게 쓸까? 힘을 빼고 말하듯이 써야 해. “말하는 것처럼 써라.” 작가 볼테르가 한 말이야. 편하게 찍은 사진이 가장 자연스럽게 나오듯이, 글도 평소 말하는 것처럼 쓰면 돼. 실제로 글쓰기를 어려워하는 사람에게는 녹음기에 말을 녹음한 다음에 글로 옮기는 방법을 권하기도 하지.

정말 말하는 ‘그대로’ 써도 될까? 내용을 말로 전달할 때는 말투, 표정, 몸짓 같은 비언어적 요소의 도움을 받아. 또 상황과 맥락의 도움도 받지. 예를 들어 설명할게. “문 닫고 들어와”라는 표현이 있어. 문을 닫았는데 어떻게 사람이 들어올까? 하지만 보통은 이 표현을 이상하게 여기지 않아. 이것이 바로 상황과 맥락의 힘이야. 반면 글은 이런 도움 없이 오로지 문자로만 내용을 전달해. 글을 잘 쓰려면 말로 할 때와 비교해서 부족한 부분까지 메워 줘야 해. 글이 말보다 더 섬세하고 정확해야 하는 이유야.

심리학자 리처드 니스벳이 쓴 《생각의 지도》에 분류적 사고와 관계적 사고에 대해 나와. 둘의 차이를 보여주는 실험이 있어. 소, 닭, 풀이 그려진 그림을 보여주고 두 어린이에게 세 가지 중에서 둘을 묶어 보라고 시켰지. 한 아이는 소와 닭을 묶었어. 다른 아이는 소와 풀을 묶었고. 소와 닭이 같은 동물이니까 동물끼리 묶은 아이는 서양 어린이였어. 소가 풀을 뜯어 먹으니까 둘을 묶은 아이는 동양 어린이였지. 니스벳은 이를 분류적 사고와 관계적 사고로 구분했어. 쉽게 말해 서양인은 대체로 범주를 중시하고, 동양인은 관계를 중시한다는 관점이야.

이 내용을 말과 글에 적용해 볼까? 말은 두서없이 무질서하지. 럭비공 튀듯 이리 튀고 저리 튀어. 이 말을 했다가 저 말을 했다가 널뛰듯이 옮겨 가지. 대체로 소에서 풀을 떠올리듯이 자유롭게 말하는 거야. 그런데 글을 그렇게 쓸 수는 없어. 그건 '자동 기술'처럼 그냥 떠오르는 대로 막 쓰는 것에 불과하지. 당연히 그런 글은 질서 정연하지 못해. 비교적 논리 정연하게 말하는 사람도, 한 말을 그대로 옮겨 적으면 빈틈이 많아.

말할 때는 '관계적 사고'가 두드러져. 말하면서 논리적 질서나 개념적 범주를 꼼꼼히 따져 가며 말하지 않잖아. 삼단논법 같은 게 논리적 질서야. 삼단논법은 전제가 되는 두 개의 명제에서 새로운 결론을 이끌어 내는 방법이야. 예를 들면 "모든 사람은 죽는다. 소크라테스는 사람이다. 소크라테스는 죽는다" 같은 문장이 있어. 이렇게 논리를 엄격하고 세밀하게 확인하며 말하는 사람은 별로 없어.

글은 생각을 짜임새 있게 정리해서 써야 해. 다른 것끼리는 나누고 쪼개며, 가까운 것끼리는 잘 묶고 엮어야지. 또 논리적 흐름에 따라 글쓰기의 순서를 정해야 해. 책에 실리는 머리말을 예로 들어 볼게. 머리말은 언제 쓸 것 같아? 처음에? 아니야. 보통 맨 마지막에 써. 책을 다 쓰고 전체를 정리하는 느낌으로 말이야. 독자는 머리말부터 보고 본문을 읽지만, 작가는 본문을 완성한 뒤에 머리말을 써. 말은 생각나는 순서대로 하지만, 글은 논리적 흐름을 고민하기 때문에 쓰는 순서가 다를 수도 있지.

결국 '말하듯이 쓰자'는 '쉽게 쓰자'는 뜻이야. 말하는 그대로 쓰라는 의미가 아니지. 일상적으로 사용하는 말과 표현으로 쓰자는 거야. 문어 투가 아니라 일상어로 쓰면 말하듯이 쓰게 돼. 글을 무게 있게 써야 한다는 생각을 버리고, 말하듯 쉽게 쓰면 되지.

'야민정음' 금지

물론 말하듯이 쉽게 쓴다고 해서 모든 문장을 입말로 쓸 수는 없어.

우리 회사가 더 발전해 **나갔음** 좋겠습니다. (×)

이 문장에서 '나갔음'은 적절하지 않아. '나갔으면'이라고 해야 하지. '-음'은 그 말이 명사 구실을 하게 하는 어미야. "산의 높음과 바다의 깊음"처럼 쓰지. '좋다' 앞에도 명사 구실을 하는 말이 올 수는 있어. 다만 이때는 '-기' 형태가 되어야 해. "놀기 좋다"처럼 말이야. 우리말에서 '좋겠다'는 '~으면 좋겠다'의 형태로 쓰여, '그렇게 되기를 바란다'는 뜻을 나타내지. "나갔음 좋겠다" 같은 표현은 글이 아니라 입말에서만 쓰여.

오래오래 **살아 줬음** 하는 마음이다. (×)

이 문장도 마찬가지야. '살아 줬음' 대신에 '살아 줬으면'이라고 써야 맞아. 더 자연스럽게 하려면 '마음이다'를 빼고 '살아 줬으면 한다', '살아 주길 바란다', '살아 주면 좋겠다' 등으로 고칠 수 있지. '니(너)', '걍(그냥)', '쌤(선생님)', '젤(제일)', '넘(너무)', '아님(아니면)', '드뎌(드디어)', '해 논(해 놓은)', '담부터(다음부터)', '~보담은(~보다는)' 같은 표현도 글을 쓸 때는 괄호 안에 있는 말로 써야 해. 신조어나 줄임말, '야민정음'

도 주의하자. '야민정음'이 뭐냐고? 어떤 글자를 쓸 때 모양이 비슷하게 적히는 다른 글자로 표기하는 거야. 이를테면 명작을 '띵작'으로 쓰는 식이지. 이런 말도 글에 그대로 쓰지 않도록 조심하는 게 좋아.

언어는 많은 사람 사이의 약속이야. 종이를 자를 수 있는 X 자 모양의 물건을 '가위'라고 부르는 데는 필연성이 없어. 우연히 정해져 오랫동안 널리 사용됐고, 후에 그렇게 부르자고 약속한 거지. 표준어나 맞춤법도 약속의 일부야. 그 약속을 깨면 뜻을 전달하기 어려워. 줄임말, 신조어, '야민정음' 등을 글에 쓰지 말라는 이유를 알겠지? 사회 구성원이 그 표현을 쓰기로 약속한 적도 없고, 모두가 아는 말도 아니기 때문이야. 그렇다면 내가 쓰려는 표현이 약속된 표현인지 아닌지 어떻게 구별할까? 교과서에서 보지 못한 표현, 교과서에 없을 것 같은 표현은 조심하면 돼.

물론 많은 사람이 오래도록 쓰다 보면 입말도 표준어가 되지. '맨날', '짜장면', '간짜장', '간지럽히다'는 표준어가 아니었다가 표준어가 된 말들이야. 가령 전에는 '자장면'이나 '간자장'으로 써야 맞았지. 표준 발음도 그렇게 해야 했고. 지금 보면 되게 어색하지 않니? 이처럼 언어는 세월에 따라 변해. 따라서 어떤 표현을 절대로 써선 안 된다고 말할 수는 없어. 인용하거나 꼭 써야 할 때는 작은따옴표에 넣어서 쓰면 돼. 해당 표현 앞에 뜻을 풀이해 주거나 괄호 안에 뜻을 넣어 줘도 좋아.

100헥타르 vs 축구장 100개

사람은 유아기, 사춘기, 청년기, 장년기, 노년기를 거치지? 글쓰기도 인생처럼 변화를 겪어. 글쓰기에도 사춘기가 찾아오지. 자기 글을 내세우고 돋보이게 하고 싶은 시기야. 그때 어려운 글이 멋진 글이라는 함정에 빠지기 쉬워. 선생님 역시 오래전에는 어려운 글이 멋진 글이라 여겼어. 낯선 한자어를 일부러 섞어 어렵게 썼지. '있어 보이려는' 욕심에 빠졌던 거야. 돌아보면 부끄럽지만, 그때 선생님은 글쓰기 하수였어. '잘난 체', '아는 체'만큼 최악의 문체도 없거든.

내용이 어려울수록 쉽게 써야 진정한 고수야. 무협지나 무협 영화를 보면 하수는 쉬운 동작도 어렵게 하지만 고수는 어려운 동작을 쉽게 하지? 어려운 내용을 어렵게 쓰는 일은 누구나 할 수 있어. 선생님은 아직 고수는 못 되지만, 이제는 알아. 쉬운 글이 좋고 멋지다는 사실을 말이지. 누구나 이해하고 공감하는 글이 좋은 글이야.

장교와 병사들이 마주 서 있어. 장교가 병사들을 자신의 왼쪽으로 가게 하려면 '우향우'라고 해야 할까, '좌향좌'라고 해야 할까? '우향우'라고 해야 해. 장교가 자기 기준에서 '좌향좌'라고 하면 마주 보고 있는 병사들은 장교의 오른쪽으로 가게 되니까. 자기가 원하는 방향과 반대로 말해야 하는 거지. 글도 이와 마찬가지야. 철저히 읽는 사람 입장에서 써야 해. 그래야 글이 쉬워져.

앞에서 최근 신문사들이 독자 수준을 중학생에서 초등학교 고학년 정도로 낮춰 잡는다고 했지? 초등학생인 동생에게 "오늘 임야 100헥타르가 탔어", 이렇게 말하면 이해할까? 임야도 어렵고, 헥타르hectare, ha는 더 어려울 거야. "오늘 임야 100헥타르가 불탔습니다. 여러분, 헥타르라고 하니까 잘 모르시겠지요? 100헥타르면 축구장 100개 넓이입니다." 주말 뉴스에서 산불 소식을 전하던 최일구 앵커는 헥타르를 설명하려고 축구장 넓이를 예로 들었어. 헥타르는 일상에서 잘 쓰지 않는 단위야. 앵커가 헥타르라는 낯선 단위를 익숙한 축구장 크기에 비교해서 말하니까 '그게 넓이를 나타내는 단위구나. 그 정도로 넓구나' 하고 이해하기가 쉬워졌지.

글 쓰는 사람들이 자주 잊는 게 있어. 나는 알지만, 독자는 모를 수도 있다는 사실이야. 내가 아는 정보와 지식을 누구나 안다고 생각하면 안 돼. 누구나 안다면 굳이 왜 글을 쓰겠니? 필자는 독자가 아무것도 모른다고 생각하고 글을 써야 해. 또 어렵고 복잡한 내용을 어렵고 복잡하게 쓰는 사람은 요리할 재료를 손님에게 주고 알아서 요리해 먹으라는 주방장과 같아. 어려운 내용이라도 쉽게 전달하려고 노력해야지. 대중을 상대로 한 글쓰기라면 마땅히 그래야 해. 예를 들어 "전기 요금, 내년부터 5% 오른다"는 기사 제목을 보면 전기 요금이 어느 정도 오를지 감이 잘 오지 않아. "한 달 전기 요금 10만 원인 점포, 내년부터 5000원 더 부담해야 한다"라고 적으면 어떨까? 5%는 짐작하기 어렵지만, 5000원은 가늠할 수 있어.

쉽게 쓰려면 많이 생각해야 해. 이 문장을 한번 보자.

대한민국 상위 1%가 주택의 50%를 가지고 있다.

%퍼센트는 어른들 눈에도 잘 들어오지 않아. 당연히 어린이는 쉽게 이해하기 어렵겠지. 이렇게 쓰면 어떨까? "대한민국을 100명이 사는 마을이라고 해 보죠. 이 마을에는 집이 100채 있어요. 주민 한 명이 집 50채를 가지고 있어요."

글쓴이가 노력할수록 글은 쉬워져

읽기에 어려운 글은 쓰기도 어려울까? 아니, 어려운 글은 오히려 쓰기 쉬워. 아인슈타인이 쓴 상대성이론에 관한 논문은 일반인이 읽기엔 벅차지. 천에 한 명, 아니 만에 한 명 정도나 읽고 이해할 수 있을까? 하지만 그 분야 과학자들에게는 수식과 과학 용어가 익숙하지. 아인슈타인 본인도 당연히 익숙했을 거야. 논문으로 쓰기도 쉬웠겠지. 물론 상대성이론을 발견하고 정리하는 과정은 어려웠겠지만, 생각을 다 정리한 후에 논문을 적는 일은 쉬웠을 테지. 하지만 일반인에게 그 논문은 해독 불가능한 문서야.

그렇다면 반대로 읽기에 쉬운 글은 쓰기도 쉬울까? 노벨문학상을 받은 세계적 작가 헤밍웨이는 "읽기에 쉬운 글이 쓰기는 어렵다"라고 말했어. 쉽게 쓰는 일은 생각만큼 쉽지 않아. 읽는 사람을 고려해서 내용과 표현과 흐름을 고치고 다듬어야 해. 글쓴이가 노력할수록 글은 쉬워지지. 만약 아인슈타인이 일반인, 그것도 중학교 1학년 독자들도 이해할 수 있도록 상대성이론을 설명하는 글을 쓴다면 어떨까? 자기에겐 쉽지만, 독자에겐 어려운 상대성이론을 쉽게 설명하려고 애먹었을 거야. 머리를 쥐어짜며 글을 쓰지 않을까?

오래 봐야 하는 문장은 좋은 문장이 아니야. 독자가 한 번 보고 쉽게 이해할 수 있어야 해. 그러려면 쓰는 사람이 문장을 오래 붙잡고 있어야 하지. 고민에 고민을 거듭해 더 쉽게, 더 친절하게 써야 해. 쓰는 사람이 시간을 들일수록 독자는 시간을 아낄 수 있지. 쓰는 사람이든 읽는 사람이든 누군가는 시간을 더 들여야 해. 그렇다면 왜 굳이 쓰는 사람이 시간을 더 들여야 할까? 쓰는 사람은 한 사람이지만 읽는 사람은 열 명, 백 명, 만 명이 될 수도 있으니까. 한 명이 시간을 더 쓰는 게 낫지 않을까? 독자의 시간을 빼앗는 문장은 좋지 않아. 독자가 이해를 못 해 자꾸 들여다보는 문장은 좋은 문장이 아니야.

어려운 한자어를 고쳐 보기

아래 문장에서 어려운 한자어를 찾아 쉬운 말로 고쳐 보자.
초록색 글씨가 힌트!

- 불확실성이 시장을 지배하는 상황에서 기업들은 투자를 보류한다.

- 지구온난화는 제반의 환경 파괴의 문제를 야기하고 있다.

- 회사는 사고 발생에 대한 원인에 대해 일체의 언급을 회피했다.

- 피곤해서 초저녁부터 다음 날 아침까지 숙면을 취했어.

- 그가 범인이라는 말을 듣고 경악을 금치 못했다.

- 단도직입적으로 말해서 한국 경제는 중차대한 시기를 맞이하고 있다.

정답은 272쪽으로!

쉬는 시간

〈마술피리〉가 한때 〈마적〉이었다고?

'회사 기회 유용'이라는 법률 용어가 있어. 낯선 말이지? 한 기업의 이사나 경영진, 지배주주 같은 사람이 회사에 이익이 될 수 있는 사업 기회를 개인의 이익을 위해 가로채는 행위를 뜻하는 말이야. 가족회사 등을 설립해서 사업 기회를 유용해 부당하게 이익을 취하는 거지. '유용하다'는 '남의 것이나 다른 곳에 쓰기로 되어 있는 것을 돌려쓰다'라는 뜻을 가진 동사야. 설명이 없으면 알기 어렵겠지? 2005년 국정감사 때 국회의원 심상정은 이 말을 '일감 몰아주기'라고 표현했어. 이익이 큰 일감을 가족회사 같은 특정 회사에 몰아준다는 뜻이지. '회사 기회 유용'이라는 어렵고 딱딱한 법률 용어를 쉬운 표현으로 바꾼 거야. 이제 '일감 몰아주기'라는 말은 보통명사처럼 자리 잡았어.

오래전에 번역한 외국 책들은 제목부터 어려웠어. 몇 개 살펴볼까? 토마스 만의 《마의 산》이라는 소설이 있어. 여기서 '마'가 무슨 뜻일까? 모르겠지? 바로 마법이야. 그러니까 제목을 '마법의 산'이라고 해야 했어. 모차르트의 오페라 중에 〈마적魔笛〉이라는 작품이 있어. 여기에선 '마'가 마법이 아니라 마술을 뜻하지. 이 작품의 제목 역시 〈마술피리〉, 〈요술 피리〉 등으로 옮겨야 적당해.

《마의 산》과 〈마적〉의 공통점은 제목을 한자어로 지었다는 거야. 둘 다 마귀 마魔 자를 사용했지. 마魔는 마귀, 악마, 마법, 마술, 요술 등 다양한 의미를 담고 있어. 이처럼 읽었을 때 뜻을 바로 알 수 없는 한자가 많아. 이런 한자를 써서 제목을 지으면 독자 입장에서는 답답하지. '한국어로 옮겼는데 왜 이리 어려울까?' 싶을 거야.

다른 예시도 살펴보자. 밀턴의 서사시 〈실낙원〉은 낙원의 일종일까? 땡! '잃어버린 낙원'을 뜻해. 실러의 희곡 〈군도〉는 섬을 뜻할까? 아니. 군도群盜는 떼를 지어 도둑질하는 무리를 가리켜. '도적 떼'라고 옮겨야 쉽게 이해되겠지? 제임스 조이스의 소설 〈사자들〉도 동물원의 사자와는 관련이 없어. '죽은 자들'이라고 쉽게 옮기는 게 어떨까?

2장

한 문장에 하나의 생각만

"시간이 없어서 길게 못 썼어요."

선생님들이 "글이 왜 이렇게 짧아?"라고 물으면 학생들이 흔히 하는 대답이야. 그런데 수학자 파스칼은 "짧은 편지를 쓸 시간이 없어서 길게 씁니다"라고 했대. 신영복의 《감옥으로부터의 사색》에도 "오늘은 시간이 없어 편지가 길어졌습니다"라는 문장이 나오지. 시간이 없어서 편지가 길어졌다고? 학생들의 대답과 정반대잖아. 시간이 없으면 길어지고 시간이 있으면 짧아진대! 왜 이런 걸까? 짧게 쓴다는 것은 압축해서 쓴다는 거야. 그러려면 시간과 정성이 더 필요하지.

주어의 절친인 서술어를 찾자

제1조 ① 대한민국은 민주공화국이다.

② 대한민국의 주권은 국민에게 있고, 모든 권력은 국민으로부터 나온다.

우리나라 헌법 제1조의 내용이야. 간결하고 힘이 있지 않니?

유구한 역사와 전통에 빛나는 우리 대한국민은 3·1운동으로 건립된 대한민국임시정부의 법통과 불의에 항거한 4·19민주이념을 계승하고, 조국의 민주개혁과 평화적 통일의 사명에 입각하여 정의·인도와 동포애로써 민족의 단결을 공고히 하고, 모든 사회적 폐습과 불의를 타파하며, 자율과 조화를 바탕으로 자유민주적 기본질서를 더욱 확고히 하여 정치·경제·사회·문화의 모든 영역에 있어서 각인의 기회를 균등히 하고, 능력을 최고도로 발휘하게 하며, 자유와 권리에 따르는 책임과 의무를 완수하게 하여, 안으로는 국민생활의 균등한 향상을 기하고 밖으로는 항구적인 세계평화와 인류공영에 이바지함으로써 우리들과 우리들의 자손의 안전과 자유와 행복을 영원히 확보할 것을 다짐하면서 1948년 7월 12일에 제정되고 8차에 걸쳐 개정된 헌법을 이제 국회의 의결을 거쳐 국민투표에 의하여 개정한다.

제시문은 헌법 맨 앞에 있는 전문이야. 헌법 제1조와 달리 문장이 매우 길지? 게다가 마침표는 달랑 하나뿐이야. 한 문장이 433자로 이루어져 있는, 호흡이 긴 글이지. 어때? 읽다가 숨넘어갈 뻔하지 않았니? 잘 끊어 읽지 않으면 진짜로 읽다가 숨넘어갈지도 몰라. 무엇보다 이렇게 호흡이 긴 글은 뜻을 빠르게 전달하지 못해서 독자가 의미를 다 이해하기 어려워. 장문으로 쓰면 한 문장에 여러 내용이 들어가. 어디까지가 주어부이고 어디까지가 서술부인지 고민하면서 읽어야 하지. 집중력과 이해력이 떨어질 수밖에.

"국가가 국민을 보호한다"라는 문장에서 '국가'가 주어, '보호한다'가 서술어야. 주어는 서술어가 나타내는 동작이나 상태의 주체가 되는 말이지. 그런데 주어와 서술어가 적절히 짝을 이루지 못하면 무슨 말을 하는지 헷갈리기 쉬워. 장문은 비문非文이 되기 쉽지. 비문은 문법에 맞지 않는 문장이야.

그는	미국이	중국이	세계 패권을 차지하는 일을
A	B	C	C′

경계한다고	추측한다.
B′	A′

자, 보자. 문장이 길어지니까 단번에 의미가 와닿지 않지? 이 문장의 주어는 셋이야. 주어를 A, B, C라 하자. 서술어도 세 번이나 등장하는데, 각각에 호응하는 서술어를 A′, B′, C′

라고 하자. 이 문장은 A+B+C+C′+B′+A′의 구조로 되어 있어. 문장에 주어가 많으면 읽는 사람은 헷갈릴 수밖에 없어. 특정한 주어에 호응하는 서술어가 어떤 것인지 구분하기가 쉽지 않기 때문이야. 의미를 쉽게 전달하는 데 실패한 나쁜 문장이지.

주어와 서술어는 가까이 있는 게 좋아. A+B+C+C′+B′+A′ 형태의 긴 문장을 호응하는 짝끼리 맞춰 세 문장으로 나눌 수 있어. C+C′. B+B′. A+A′. 이렇게 말이야. 예문은 "중국이 세계 패권을 차지하려 한다", "미국이 이를 경계한다", "그는 그렇게 추측한다"로 나눌 수 있어. 여기서 짧은 문장의 조건이 나오지? 한 문장에 주어와 서술어가 각각 하나씩! 물론 언제나 그런 문장만 쓸 수는 없겠지만 되도록 그렇게 노력해 보자.

이렇게 잘게 나눠도 뜻이 잘 통하면 나눠 쓰면 돼. 만약 어색하게 읽히거나 뜻이 잘 전달되지 않으면 일부 문장을 합쳐도 되지.

중국이	세계 패권을 차지하는 일을	미국이	경계한다
C	C′	B	B′

그는	그렇게 추측한다.
A	A′

일부 문장을 합치니 내용을 이해하기 쉽지? 두 문장을 합칠 때 호응하는 짝끼리 맞췄어. 그렇게 하니까 C + C′ + B + B′. A + A′. 두 문장이 됐지. C + C′ + B + B′으로 배치하니까 주어와 서술어가 가까워졌어.

짧게 쭉쭉, 속도감 만들기

앞서 얘기했듯이 공 하나를 주고받을 때는 공을 쉽게 잡을 수 있어. 그런데 공을 여러 개 동시에 던지면 상대는 우왕좌왕하다 모두 놓치고 말지. 한 문장에 여러 뜻을 담는 것도 마찬가지야. 결국 문장의 갈피를 잡지 못한 독자는 의미를 붙잡지 못하지. 문장이 길다고 무조건 나쁜 건 아니지만, 길어질수록 그런 문제가 생겨. 그래서 짧게 쓰자는 거야.

장문의 단점은 단문의 장점이 되지. 말이 좀 헷갈리려나? 문장이 길면 그 안에 담기는 정보가 많겠지? 덕분에 많은 내용을 전달할 수 있지만, 독자 입장에서는 부담스러워. 독자가 한 문장 안에서 파악하고 이해해야 할 정보가 많은 셈이니까. 문장이 길면 주어와 서술어가 어긋날 수도 있지. 글쓰기에 익숙하지 않을수록 이런 실수를 하기 마련이야. 또 문장이 길면 읽기도 힘들어. 어디서 끊어 읽을지 몰라 숨이 차거든. 긴 문장을 짧은 문장으로 바꾸면 이런 문제를 모두 해결할 수 있지.

문장을 짧게 쓸 때 좋은 점은 뭘까? 첫째 바른 문장을 쓰기 쉽고, 둘째 문장이 잘 읽히며, 셋째 문장이 리듬을 타게 돼. 물론 짧은 문장이라고 모두 훌륭하지는 않아. 그래도 짧은 문장은 비문이 별로 없어. 문장이 짧으면 잘못된 부분을 알아차리기 쉬우니까. 짧은 문장은 이해하기 쉬워. 읽는 족족 그대로 흡수되고 읽으면서 리듬도 느껴져.

① 사촌 동생은 전에 만났을 때보다 머리를 짧게 자르고 밝은 갈색으로 염색해서 뒷모습만으로는 나이를 가늠하기 어려워 보였다.

② 사촌 동생은 전에 만났을 때보다 머리를 짧게 자르고, 밝은 갈색으로 염색도 했다. / 뒷모습만으로는 나이를 가늠하기 어려워 보였다.

③ 사촌 동생은 전에 만났을 때보다 머리를 짧게 잘랐다. / 밝은 갈색으로 염색도 했다. / 뒷모습만으로는 나이를 가늠하기 어려워 보였다.

한 문장을 두 문장으로 나누니까 처음보다 좀 더 리듬감이 생겼지? 세 문장으로 나누면 더 리듬감이 느껴져. ①번 문장은 쭉 내리읽게 돼. 반면 ③번 문장은 세 번에 나눠서 읽게 되지. 이렇게 끊어 읽음으로써 독특한 리듬감이 생기는 거야. 민요나 시조를 배울 때 민요는 대체로 3음보, 시조는 4음보라고 공부했을 거야. 세 마디나 네 마디로 문장을 끊어 읽거나 노래를 부른다는 뜻이지. 가령 우리나라의 대표적 민요인 〈아리랑〉은 '아~리랑~/아~리랑~/아~라~리~요~~~'처럼 세 마디로 되어 있어.

긴 문장과 짧은 문장을 읽는 속도감이 어때? ①번에서 ③번 문장으로 갈수록 더 쭉쭉 읽히지 않아? 또한 짧게 쓰인 문장을 읽으면 긴박감도 느껴져. 호흡이 짧은 만큼 긴장감이 배가 되는 거야. 아무래도 긴 글보다는 독자들의 시선 붙들어 놓는 효과가 크지. 트위터에 쓰인 짧은 글이 주목받는 이유이기도 해.

달걀을 한 바구니에 넣지 마라

아랫글을 한번 읽어 볼까? 오래전 고등학교 교과서에 실렸던 김진섭의 〈백설부〉라는 수필이야.

> 그러나 무어라 해도 겨울이 겨울다운 서정시抒情詩는 백설白雪, 이것이 정숙히 읊조리는 것이니, 겨울이 익어 가면 최초의 강설降雪에 의해서

멀고 먼 동경의 나라는 비로소 도회에까지 고요히 고요히 들어오는 것인데, 눈이 와서 도회가 잠시 문명의 구각舊殼을 탈脫하고 현란한 백의白衣를 갈아입을 때, 눈과 같이 온 이 넓고 힘세고 성스러운 나라 때문에 도회는 문뜩 얼마나 조용해지고 자그마해지고 정숙해지는지 알 수 없는 것이지만, 이때 집이란 집은 모두가 먼 꿈속에 포근히 안기고 사람들 역시 희귀한 자연의 아들이 되어 모든 것은 일시에 원시시대의 풍속을 탈환한 상태를 정呈한다.

전체가 한 문장이야. 문장이 길다 보니 그 뜻도 제대로 모르겠어. 중심 내용을 알 수 없는 문장은 출구가 없는 미로와 같아. 어찌어찌 들어오긴 했지만, 나갈 길을 찾기는 쉽지 않지. 문학작품이야 별문제가 안 될지 몰라도 현실에서는 큰 문제가 될 수 있어.

변액보험 상품의 경우, 약관에서 정한 본 보험회사가 최저 보증하는 보험금 및 특약에 한하여 예금자보호법에 따라 예금보험공사가 보호하되, 보호 한도는 본 보험회사에 있는 귀하의 모든 예금 보호 대상 금융상품의 해약환급금(또는 만기 시 보험금이나 사고 보험금)에 기타 지급금을 합하여 1인당 '최고 5000만 원'이며, 5000만 원을 초과하는 나머지 금액은 보호하지 않습니다.

예금 보호에 관한 내용인데, 역시 한 문장이네. 내용을 한 번에 알아채기 어려워. 매년 금융감독원에 접수되는 보험 관련 민원은 2만 건이 넘는다고 해. 대체로 약관을 둘러싼 해석 차이가 민원의 이유가 된대. 이래서 문장에 담는 뜻을 명확히 해야 하는 거야.

'일문일사一文一思'라는 말이 있어. 한 문장에 하나의 생각만 담는다는 뜻이야. 글을 잘 쓰는 사람은 문장 하나에 하나의 사건만 담아. 단락 하나에는 하나의 소주제만 담지. 글 전체로는 하나의 주제, 즉 하나의 메시지만 전달하는 거야. "달걀을 한 바구니에 넣지 마라"는 말 들어 봤어? 투자할 때 여러 곳에 나눠서 투자해야 덜 위험하다는 얘기야. 한 바구니에 담으면 자칫 모두 잃을 수 있으니까. 글쓰기는 투자와 다르지만, 마찬가지로 한 문장에 지나치게 많은 정보를 담으면 위험해. 문장이 꼬일 수 있고 초점도 산만해지거든. 잘못하면 핵심을 놓칠 수 있어.

영화감독 스티븐 스필버그는 이렇게 말했어. "나는 많은 사람을 위해 영화를 만든다. 하지만 나는 그들에게 한 번에 한 가지 이야기만 한다." 여러 가지를 한꺼번에 써도, 읽는 사람은 그중 하나밖에 받아들이지 못해. 예를 하나 들어 줄게. 200명이 모여서 '하얀 토끼'와 '달고 빨갛고 맛있는 사과'를 귓속말로 전달하는 게임을 했어. '하얀 토끼'는 200명을 거치는 동안 말이 바뀌지 않은 채 마지막 사람에게 잘 전달됐어. 그러나 '달고 빨갛고 맛있는 사과'는 제대로 전달되지 못했어. 세 가지 정보를 한 번에 전달하려고 한 탓이야. 일본 광고업계에서는 입사 희망자를 대상으로 이 게임을 자주 한대. 광고를 만들 때 정보를 많이 담아 봤자 소용없다는 교훈을 가르쳐 주려고 말이야.

자, 여기 짧은 문장이 있어. "뜨거우니 조심해 주세요." 짧긴 한데 두 가지 내용이 담겨 있지? '뜨겁다'와 '조심해 달라'는 내용 말이야. 이렇게 쓰면 느낌이 어떨까? "뜨겁습니다. 조심하세요." 딱딱 끊어지는 느낌이 들면서 더 강한 인상을 주지 않니? 문장을 나누면 마치 판사가 판결하며 의사봉을 땅, 땅, 두 번 치는 것 같아. 땅, 한 번 치는 것보다 두 번 치면 더 주의를 끌 거야.

그러나 예외는 있는 법! 한 문장 안에 하나의 뜻, 하나의 사실만 담는 게 어떨 땐 이상해 보일 수도 있어. 문장이 너무 짧아져서 마치 초등학생이 쓴 문장처럼 느껴질 수 있거든. 문장이 지나치게 짧을 때는 두 가지 사실을 묶어도 돼. 세 가지 이상은 주의할 필요가 있고. 자, 다음 두 문장을 비교하면서 읽어 봐.

나는 학교에 갔다. 친구들을 만났다. 친구들과 얘기를 나눴다. 즐거웠다.

나는 학교에 가서 친구들을 만났다. 친구들과 즐겁게 얘기를 나눴다.

문장을 어떻게 끊을까?

문장 길이는 독자뿐만 아니라 쓰는 사람에게도 중요해. 영리한 침팬지도 생각보다 기억력이 좋진 않아. 기억이 지속되는 시간이 평균 27초래. 인간의 기억력은 그보다 훨씬 좋을 것 같지만, 꼭 그렇지만도 않아. 집 전화든 휴대전화든 전화번호는 왜 꼭 네 자리씩 끊어서 외울까? 예를 들어 2345-6789나 010-1234-5678처럼 말이야. 우리 기억력이 숫자를 다섯 자리 이상 외우는 걸 버거워하기 때문이지. 마찬가지로 문장이 길어지면 우리 기억 용량을 넘어서게 돼. 앞에 쓴 주어를 잊고 서술어를 엉뚱하게 쓰는 것도 그 때문이야. 이런 실수를 피하려면 짧게 써야겠지.

문장을 어떻게 짧게 쓸까? 두 가지만 기억해. 첫째, 의미에 따라 끊어 쓰자. 한 문장엔 하나의 생각만 담아. 더는 빼기 어려울 때까지 최대한 빼고, 해야 할 말들만 간결하게 넣어야 해. 만약 긴 문장을 썼다면 몇 개의 짧은 문장으로 나눠. 주어와 서술어가 적절히 어울리는지도 잘 살펴야겠지? 사실 적당한 문장 길이가 몇 자인지 정해진 기준은 없어. 다만 너무 길면 안 되지. 보통 50자 이내로 써야 읽기 편하고 이해하기 쉬워. 예컨대 길게 쓴 문장이라도 두 줄은 넘지 않도록 하자. 아래아한글 문서 작성 프로그램에서 글자 크기 10포인트, 자간 0%를 기준으로 썼을 때 말이야.

둘째, 호흡에 따라 끊어 쓰자. 글을 소리 내 읽으면서 호흡이 살짝 가빠질 때 문장을 끊으면 좋지. 숨이 살짝 벅찬 부분이 바로 문장을 끝맺을 곳이야. 호흡곤란이 오기 전에 끊어 줘야 해. 이렇게 문장을 끊어 써야 읽는 사람도 호흡에 맞춰 읽을 수 있겠지? 사람들은 보통 마침표가 찍힌 곳까지를 한 호흡에 읽으려고 하거든. 의미와 호흡에 따라 끊어 쓰기, 이것만 잘 지켜도 전달력이 몇 배로 좋아질 거야.

호르헤 루이스 보르헤스의 단편소설 중에 〈바벨의 도서관〉이라는 작품이 있어. 이 소설은 '무한의 도서관'에 관한 이야기야. 책이 가득한, 육각형의 방이 끝없이 이어진 도서관이지. 무한의 도서관에는 "모든 언어로 표현할 수 있는 모든 것"이 담겨 있어. 그래서 아무 의미 없는 책들도 많지. 마침표가 딱 한 번 나오는 책도 있을 거야. 책 전체가 하나의 문장으로 되어 있는 책 말이지. 마침표가 한 번 나오는 책이 혹시 좋은 책일 수도 있어. 마침표 하나로 쉽게 쓰기란 만만치 않겠지만 말이야. 다만 글쓰기 초보자가 그렇게 쓴다면 좋은 책이 되기 어렵겠지.

엿가락 같은 글쓰기를 보여 주마

"잘 좀 써 봐."

"네 생각과 느낌을 써야지."

"길게 좀 써 봐."

혹시 부모님이나 선생님께 이런 말을 들은 적 있니? 분량은 정해져 있고, 쓸 말은 없고. 그럴 때 학생들은 정해진 글자 수를 채우기 위해 비슷한 말을 되풀이해서 쓰기도 해. 문장을 길게 늘여 쓰기도 하지. 일명 '글꼬리 늘이기'야. 마치 엿가락 늘이듯이 글을 늘어지게 써. 이렇게 글이 늘어지면 읽는 사람은 쉽게 피로감을 느끼지. 목에 엿이라도 걸린 것처럼 답답한 거야.

"무엇을 쓰든 짧게 써라. 그러면 읽힐 것이다. 명료하게 써라. 그러면 이해될 것이다. 그림같이 써라. 그러면 기억 속에 머물 것이다."

퓰리처상으로 유명한 언론인 조지프 퓰리처가 한 말이야. 선생님도 글을 쓸 때 늘 마음에 품는 말이지. 늘어져서 긴 문장이 어떤 느낌을 주는지 예문을 한번 볼까?

남북 교류가 남북의 군사적 긴장을 획기적으로 낮출 수 있는 계기가 될 수 있을 것으로 생각하지 않을 수 없다. (×)

남북 교류가 남북의 군사적 긴장을 크게 낮출 것이다. (○)

정치가 오히려 뒷걸음질하고 있는 것은 아닌가 하고 생각하지 않을 수 없다. (×)

정치가 오히려 뒷걸음질하고 있다. (○)

이번 강원도 산불은 인재라 하지 않을 수 없을 것이다. (×)

이번 강원도 산불은 인재다. (○)

생각을 자세히 표현하려다 쓸데없이 서술어가 늘어졌어. 이런 문장을 읽다 보면 미로 속을 헤매는 기분이 들어. 말이 돌고 돌면 읽는 사람이 이해하기 어렵고 정신만 어지러울 뿐이야. 긴장감도 떨어져. 아무 의미 없이 늘어지는 말은 글의 긴장감을 확 떨어뜨리지.

글꼬리를 짧게 써야 뜻이 더 빠르게 전달돼. 독자의 눈길이 뒤따르는 문장으로 빨리 옮겨 가기 때문에 생각의 흐름도 끊기지 않지. '~하지 않을 수 없다'라는 표현은 기자나 정치인들도 많이 써.

"우리 최저임금제도는 너무 경직적이고 획일적이라 하지 않을 수 없다."

이 문장은 실제 신문 사설에 쓰였던 것이야. 잠깐, 너희도 많이 쓴다고? 실은 선생님도 종종 쓸 때가 있어. 그런데 쓰고 보면 불필요한 때가 많더라고. 이처럼 늘어지는 서술어를 어떻게 고치면 좋을지 알려 줄게.

~과 다름없지 않다. → 같다.

~해야 하지 않을까 한다. → 해야 한다.

~라고 하지 않을 수 없다. → ~이다.

~라 보지 않을 수 없다. → ~이다.

~이었다고 볼 수밖에 없다. → ~이었다.

아무리 강조해도 지나치지 않다. → 매우 중요하다.

특별한 이유가 없다면 글꼬리는 짧고 간결하게 쓰자. 의도적으로 생각을 숨길 목적이 아니라면 말이야. 정보가 넘치는 시대에 글꼬리를 짧게 쓰는 건 미덕이라 하지 않을 수 없지. 아차차, 선생님도 문장을 늘여 썼네? 여기선 '미덕이야'라고 줄이면 좋겠지? 학생들이 많이 늘여 쓰는 글꼬리 예시도 살펴볼까?

> 평소에 글을 좀 더 있어 보이게 쓰려고 '-적'이라는 표현을 많이 쓰곤 했는데, 앞으로 '-적'의 사용을 줄여야겠다고 생각되었다. (×)
>
> 있어 보이려고 '-적'이라는 표현을 자주 썼는데, 앞으로 '-적'을 덜 써야겠다. (○)

이 문장에서 '줄여야겠다고 생각되었다'가 늘어지는 표현이야. '줄여야겠다'고 하고 싶은 말을 이미 했다면, 뒤에 의미 없이 덧붙일 필요가 없어. '생각했다', '생각되었다', '생각되어졌다', '생각이 들었다' 등이 그렇게 붙는 표현들이야. 특별히 깨닫거나 알게 됐다는 의미라면 '생각하다'를 써도 되지만, 그렇지 않다면 대개는 불필요해. '~해야겠다고 다짐했다' 같은 표현도 그냥 '~하겠다'로 쓰면 돼.

'슬프게 생각한다'라는 표현도 마찬가지야. '슬프다'라고 하면 충분해. 게다가 슬픔은 생각이 아니라 감정이지. "유감스럽게 생각한다"라는 표현도 있어. 정치인들이 사과할 때 종종 쓰는 표현이야. 하지만 "죄송스럽게 생각합니다", "송구하게 생각합니다"에서도 '생각합니다'가 역시 부적절해. 사과는 잘

못을 인정하고 상대방의 용서를 구하는 일이야. 내가 어떻게 '생각'하는지 심경을 전하는 일이 아니거든. 게다가 유감遺憾은 섭섭하거나 불만스러운 마음이 남아 있는 느낌이야. 사과와는 다른 의미이지. 죄송한 마음을 담아 진심으로 용서를 구한 게 아니야. 그저 '사과하는 행위' 자체를 수행했을 뿐이지.

단어는 토막 내지 말고 합체!

고등어를 토막 내듯이 한 단어를 툭 잘라서 문장을 늘이기도 해. 일하다, 준비되다, 멋있다 등은 간결하고 부드럽게 읽히는 한 단어인데, 일을 하다, 준비가 되다, 멋이 있다 같이 둘로 나눠 글꼬리를 늘이는 거야. 고치는 요령은 간단해. 먼저 '하다', '되다', '있다'로 끝나는 말을 확인해야겠지? 그 앞에 한 단어를 둘로 쪼갠 목적어가 있을 거야. 목적어에 붙은 조사를 삭제하고 붙여 쓰면 돼. '~을 하다'를 '~하다'로 바꾸는 거야. '되다', '있다'도 같은 방식으로 바꿀 수 있어.

더 자세히 살펴보자. '~을(를) 하다', '~이(가) 되다', '~이(가) 있다' 등이 주로 단어를 토막 낸 형태야. 다음 단어들은 '~을(를) 하다'로 끊어 쓰지 않게 주의해야 해. 일하다, 공부하다, 생각하다, 노력하다, 소개하다, 준비하다, 걱정하다, 기대하다, 사랑하다, 식사하다, 대답하다, 이야기하다 등이야. 마찬가지로 '~이(가) 되다'로 늘어지기 쉬운 말도 알려 줄게. 걱정되다, 준비되다, 마련되다, 발견되다, 안정되다, 구속되다, 실현되다, 긴장되다, 정리되다, 개발되다, 예상되다 등이지. '~이(가) 있다'로 늘여 쓰는 말로는 멋있다, 맛있다, 재미있다 등이 대표적이야.

내용에 따라 당연히 '일을 하다'라고 쓸 수도 있어. '일'을 꾸며주는 말이 있을 때는 '일하다'가 아니라 '일을 하다'라고 써야 자연스럽지. "같은 일을 했다면 같은 임금을 받아야 한다"처럼 말이야. 여기서는 '같은'이 '일'을 꾸며 주고 있지.

단어를 쪼개 쓰지 말라고 하는 이유가 또 있어. 목적격 조사가 연달아 올 수 있거든. 이해하기 쉽게 예를 들어 볼게. '연인을 사랑한다'라는 문장에서 '사랑한다'를 '사랑을 한다'라고 쪼개 쓰면, 조사 '을'이 연달아 나와. '연인을 사랑을 한다'가 되지. 간단한 문장이라면 헷갈리지 않지만 길고 복잡한 문장에서는 의미를 제대로 전달할 수 없어. 문장을 엿가락처럼 늘이면 안 돼.

낚싯줄은 길어야 해. 너무 짧으면 고기를 낚기 어렵거든. 반대로 문장은 짧아야 해. 길어질수록 독자를 낚기 어려워. 《노인과 바다》의 작가 헤밍웨이는 문장을 짧게 쓰기로 유명하지. 그는 짧은 문장을 쓰기 위해 부단히 노력했대. 초고에서 필요 없는 단어들을 빼다가 전체의 3분의 2를 들어낸 적도 있대. 《무기여 잘 있거라》의 마지막 페이지를 서른아홉 번이나 고친 일도 유명하지.

꼭 단문만 써야 할까?

작가들의 글쓰기에 대해 더 들려줄게. 헤밍웨이는 한때 파리에 머물면서 다른 작가들과 만나기도 했어. 여느 때처럼 카페에 앉아 있는데, 어떤 남자가 헤밍웨이에게 다가와 흥미로운 게임을 제안했지.

"당신이 미국 최고의 소설가라고 소문이 자자하던데요. 저랑 게임을 하나 하시죠. 열 단어 안짝으로 된, 아주 짧은 소설을 써서 나를 울게 만든다면 당신이 이기는 겁니다."

헤밍웨이는 잠시 생각한 후에 이렇게 적어 줬어.

"팝니다: 한 번도 신지 않은 아기 신발for sale: baby shoes, never worn."

영어로는 단 여섯 단어야. 어때? 상상력을 자극하는 글이지? 한 번도 신지 않은 아기 신발이라니. 원래는 아기에게 신기려고 했는데, 어떤 이유로 필요 없어진 거야. 혹시 배 속에 있던 아기가 죽었나? 독자는 이렇게 상상하게 돼. 짧은 문장에 긴 사연이 담겨 있는 셈이지. 이런 게 바로 짧은 글의 힘 아닐까? 근대 단편소설의 거장으로 꼽히는 안톤 체호프도 이런 명언을 남겼어.

"예술은 그 자리에서 단번에 이해돼야 한다. 형용사와 부사를 최대한 많이 지워라. 독자의 이해를 방해하고 독자를 지치게 한다."

역시 짧고 간결한 문장을 주문하지? 그렇다고 글에 쓰인 모든 문장이 짧아야 하는 건 아니야. 정확히는 문장이 길고 짧은 것은 핵심이 아니지. 짧은 문장이 긴 문장보다 훌륭하거나 아름다워서 권하는 게 아니니까. 뜻을 분명하게 전달하는 데 효과적이라서 짧게 쓰는 것뿐이야. 글쓴이의 생각이 잘 드러나고 의미 전달이 명확하다면 긴 문장도 상관없어. 그럴 때는 읽는 호흡에 맞춰 적절히 쉼표를 넣어 주면 되지.

단문을 음식에 비유하면 라면에 가까워. 라면은 간단히 만들 수 있지. 요리 초보도 쉽게 만들 수 있어. 단문도 마찬가지야. 글쓰기 초보도 쉽게 쓸 수 있어. 유통기한이 지나지 않았다면 라면을 먹고 식중독에 걸릴 일이 거의 없는 것처럼, 짧은 문장도 문법적 오류 같은 문제를 피할 수 있어. 문장 기본기를 갖추지 못한 사람이 긴 문장으로 글을 쓰면 탈이 나게 돼 있지. 계란 프라이도 못 하는 사람이 진수성찬을 차려 낼 순 없어. 차라리 파 송송 썰어 넣고, 계란 탁 깨서 넣은 라면을 끓이는 게 낫지. 어설픈 장문을 쓸 바에야 단문을 쓰는 게 나아. 물론 생각을 잘 드러낼 수 있다면 장문으로 써도 돼.

혹시 만연체라고 들어 봤어? 많은 어구를 활용해 문장을 길게 표현한 문체야. 만연체蔓衍體의 '만연'은 '널리 퍼지다'를 뜻하는 '만연하다'의 그 '만연'이야. 덩굴, 즉 식물 줄기가 널리 뻗는다는 뜻이지.

세계적으로 유명한 소설 중에서 만연체 문장을 구사한 작품이 여럿 있어. 프랑스 작가 빅토르 위고의 《레 미제라블》에는 823개의 단어로 된 긴 문장이 나와. 프랑스 작가 마르셀 프루스트의 《잃어버린 시간을 찾아서》에는 한 문장에 단어 847개가 나오기도 하지. 미국 소설가 윌리엄 포크너가 1936년에 쓴 소설 《압살롬, 압살롬!》에는 1287개 단어로 이루어진 한 문장이 나온다니, 대단하지. 그런데 더 긴 문장도 있어. 아일랜드 소설가 제임스 조이스의 작품인 《율리시스》에는 한 문장이 무려 4391개 단어로 적혀 있어.

우리나라 소설가 중에도 이 정도로 긴 문장을 쓴 작가가 있어. 《소설가 구보 씨의 일일》로 유명한 소설가 박태원이야. 그의 작품 중에 〈방란장 주인〉이라는 소설이 있어. 한 문장으로 된 소설이지. 글자 수는 무려 5558자야. 200자 원고지로 40매 분량이니까 엄청나지? 〈메밀꽃 필 무렵〉과 비슷한 분량이야. 기나긴 문장의 전개를 위해 쉼표가 273번이나 나와.

만연체는 한 문장에 많은 정보를 담는 게 장점이야. 또 미사여구로 문장을 화려하게 꾸밀 수도 있지. 그러나 문장의 긴밀성이 떨어지는 단점도 있어. 자칫 주술 관계가 어긋나 비문이 될 수도 있고. 그런데도 소설가 중에는 만연체를 선호하는 작가도 있어. 만연체를 쓰면서도 문장을 바르고 정확하게 쓸 수 있는 전문가라서 그래. 너희는 전문 작가가 아니잖아? 결국 글쓰기 초보자에게는 짧은 문장이 더 효과적이라는 말이야. 짧고 간결한 문장을 잘 쓸 수 있다면 문장을 조금씩 늘일 수도 있겠지. 문장을 길게 쓰고 싶다면, 그렇게 문장력을 키운 후에 만연체에 도전해 보면 어떨까?

단문과 장문으로 리듬을 타자

글 전체를 단문으로만 쓸 수는 없어. 단문만 계속 쓰인 글은 스타카토로만 연주되는 곡과 비슷해. 너무 급박한 느낌을 줄 수 있어. 짧은 문장이 계속 나오면 읽기에 단조롭고 딱딱한 느낌도 들지. 그래서 문장 길이에 변화가 필요해. 단문이 너무 많은 글은 딱딱하고 긴장감이 높기 때문에 긴 문장을 적절히 섞어 글의 흐름을 매끄럽게 하는 거야. 이때 '꾸미는 문장'을 사용하면 효과적이지. 다음 예시에서는 '맛있게 익은'이 꾸미는 문장이야.

그는 사과를 먹었다.

그는 맛있게 익은 사과를 먹었다.

긴 문장을 쓰면 문장 안에 절節을 넣기 십상이야. 절이 뭐냐고? 주어와 서술어를 갖췄으나 독립해서 쓰이지 않고 다른 문장에 안긴 부분을 절이라고 해. 문장 안에 절을 넣으면 쉼표(,)나 줄표(—) 등도 들어가서 문장이 복잡해지지. 자칫 비문이 될 수도 있고 읽기도 어려워. 대신 예문처럼 짤막한 구句를 넣으면 문장이 틀어질 일이 적지. 구는 둘 이상의 단어가 모여 문장 일부를 이루는 토막이야. 절과 달리 주어와 서술어를 갖추고 있지는 않아.

주로 단문을 쓰되 중간중간 긴 문장을 섞을 필요가 있어. 몇 개의 짧은 문장 다음에 그보다 약간 긴 문장을 배치하면 리듬감을 불어넣을 수 있지. 단문은 강한 느낌이 있고, 장문은 늘어지는 느낌이 있어. 단문이 '강'이라면 장문은 '약'이지.

음악 시간에 배우는 '강약중강약' 같은 강세와 비슷해. 그렇다고 강, 약, 중강, 약에 맞춰서 반드시 단문, 장문, 중문, 장문, 이 순서대로 쓰라는 말은 아니야. 단문만 나열하지 말고 장문과 중문을 적절히 섞으라는 거지. 단문을 서너 개 내외로 썼다면 그 뒤에 중문이나 장문을 하나씩 쓰면 적당해. 그래서 전체적으로 단문과 장문이 7:3이나 8:2 비율로 어우러지면 좋아.

문장을 짧게 쓰면 주어와 서술어가 어긋나는 일이 적지. 길게 쓸 때는 어떻게 해야 할까? 멀리 보고 써야 해. 나중에 나올 서술어를 생각하며 쓰는 거지. 넷플릭스 드라마 중에 유명한 〈오징어 게임〉이라는 작품이 있어. 옛날 어린이들이 했던 오징어 게임이라는 놀이에 착안한 드라마야. 오징어 게임을 하려면 먼저 땅에 커다란 오징어를 그려야 해. 오징어 그림은 어린이 키의 예닐곱 배가 넘지. 그런데 땅만 쳐다보고 그리면 줄이 어긋나. 땅이 아니라 멀리 앞을 봐야 하지. 긴 문장을 쓸 때도 마찬가지야. 어떤 단어를 쓰고 그다음 단어를 적을 때 앞 단어만 봐서는 안 돼. 이렇게 하면 자기 발밑만 보며 줄을 긋는 것과 같아. 문장이 길어지면 바로 앞만 보지 말고 멀리 볼 필요가 있어. 멀리 있는 서술어를 생각하면서 써야 해.

글꼬리를 짧게 줄여 보기

아래 문장을 간결하게 고쳐 보자.

- 아이를 믿고 맡길 수 있는 방과 후 교육 시설이 맞벌이 부부에게 필요하다는 것을 알 수 있다.

- 부정적인 생각에만 몰두하는 사람은 실패를 하게 되고 만다.

- 우리나라의 최저임금제도는 너무 경직적이고 획일적이라 하지 않을 수 없다.

- 세월호 참사는 인재라 하지 않을 수 없을 것이다.

- 이스라엘과 팔레스타인은 평화를 추구하지 않으면 안 된다.

- 누구나 행복을 바라지 않는 바는 아니다.

- 집중을 해서 조각을 하면 복잡한 생각도 어느새 정리가 된다.

정답은 273쪽으로!

쉬는 시간

문장을 배배 꼬면 읽기 피곤해

'~하지 않으면 안 된다' 같은 말은 글꼬리가 길어. 이건 영어 'must be'의 뜻을 우리말에 그대로 담으려고 나온 표현이야. '하지 않으면', '안 된다' 부정 표현이 두 번 연달아 나왔어. 이를 이중부정이라고 부르지. '없지 않다', '없을 수가 없다', '않을 수 없다', '않으면 안 된다', '않는 것은 아니다', '아무리 강조해도 지나치지 않다' 등이 모두 이중부정 표현이야.

우리는 어떤 경우에도 법을 지키지 않으면 안 된다.

법을 지켜야 한다? 법을 지키지 않아도 된다? 뜻이 금방 와닿지 않아. 그래서 이중부정은 좋은 표현이 아니야. 문장에 부정 표현이 두 번 나오면, 읽는 사람이 이해하기 힘들기 때문이지. 읽으면서 바로 이해해야 좋은 글인데, 이중부정을 쓰면 한 번 더 생각해야 해. "우리는 어떤 상황에서도 법을 지켜야 한다." 이렇게 쓰면 더 간결하고 쉽지?

국가가 국민 안전을 책임져야 하는 것은 아무리 강조해도 지나치지 않는다.

영어 시간에 이중부정은 강한 긍정이라고 배웠을 거야. 강조하려고 일부러 쓰기도 하지. 하지만 이중부정 표현이 잦으면 문장의 리듬이 둔해져. 읽는 사람이 피곤해지지. 대체로 긍정 표현으로 고치는 게 나아. 아래처럼 말이야.

국가가 국민 안전을 책임지는 것은 당연한 일이다. (△)
국가는 국민 안전을 마땅히 책임져야 한다. (○)

두 가지로 고쳐 봤는데, 아래가 더 간결하지? 내용도 바로 이해되고. 이중부정 표현은 이렇게 긍정 표현으로 고치자.

2
교시

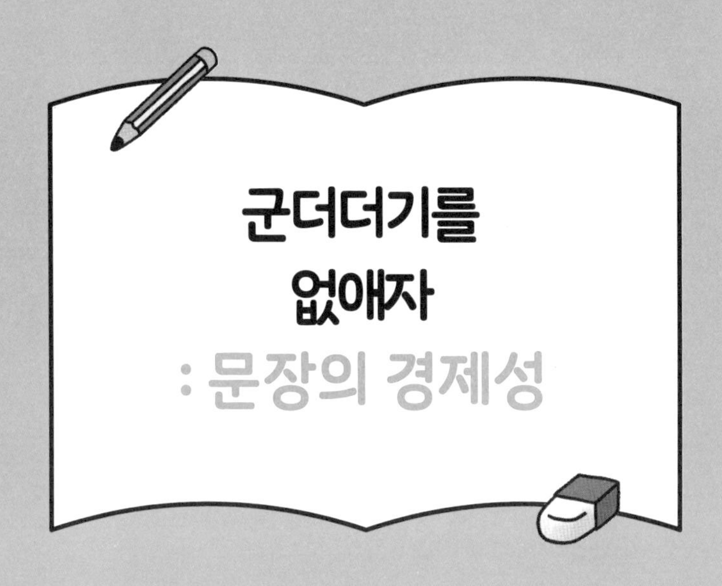

군더더기를 없애자 : 문장의 경제성

"완벽이란 더 보탤 것이 없는 상태가 아니라 더 뺄 것이 없는 상태다." 《어린 왕자》를 쓴 생텍쥐페리가 한 말이야. 이처럼 우리는 '더 뺄 것이 없는' 글을 쓰려고 노력해야 해. 이유 없이 반복되거나 없어도 상관없는 말이 바로 문장의 군더더기야. 뺄 수 있는 군더더기는 과감하게 빼야겠지?

3장에서는 우리가 무심코 쓰는 군더더기들이 무엇인지 자세히 알아보자. 4장에서는 문장의 또 다른 군더더기, '의', '것', '-적', '-화', '-들'을 다양한 예문에서 함께 빼 볼 거야. 우리 이번 교시도 힘차게 출발해 볼까?

3장

같은 말을 두 번 하면 질리기 마련!

"반으로 줄여라."

영화 〈흐르는 강물처럼〉(1993)에 나오는 대사야. 무엇을 줄이라는 걸까? 목사인 아버지가 집에서 아들을 직접 가르쳐. 오전에는 작문 숙제를 내주고, 오후에는 자유 시간을 주지. 빨리 놀고 싶은 아들은 무조건 많이 써 내. 아들의 글을 본 아버지는 종이에 가득한 글을 절반으로 줄여 오라고 시키지. 아들은 얼른 줄여서 다시 가져와. 하지만 아버지는 또 이렇게 말해. "거기에서 다시 절반을 줄여라." 그렇게 몇 번 반복하고 나서야 아버지는 아들의 글에 만족하지.

아버지는 왜 그렇게 글을 줄이라고 했을까? 아버지는 꼭 필요한 내용을 빼라는 게 아니라 하고 싶은 말을 모두 담으면서 분량을 줄이라고 한 거야. 때로 글의 길이와 설득력이 반비례하기 때문이지. 글이 짧을수록 메시지가 잘 전달돼. 비슷한 내용의 글이 있다면 구구절절 길게 쓴 장문보다 간결하고 날카로운 단문이 더 매력적이지. 《탈무드》는 이렇게 조언했어.

"많은 단어로 적게 말하지 말고, 적은 단어로 많은 것을 말하라."

왜 간결하게 써야 할까?

혹시 스티브 잡스가 새로 나온 아이폰을 프레젠테이션 하는 영상 본 적 있니? 잡스는 발표하는 화면에 아무리 공간이 남아도 하나의 키워드만 담는 것으로 유명했어. "간단하고 단순하게 하라." 평소 그가 강조한 경영 철학이야. 그는 "간결함이란 궁극의 정교함이다"라고 말했지. 스티브 잡스의 생애를 그린 영화 〈잡스〉(2013)에는 그가 인도 여행 중에 영적 지도자인 파라마한사 요가난다가 쓴 책을 보는 장면이 나와. 잡스는 그 책에서 일생의 화두가 된 문장을 발견했지. 바로 이 문장이야.

"최대한 단순하게 생활할지어다. 그러면 너희의 삶이 놀랍도록 평안해질 테니."

한창 유행했던 '미니멀 라이프' 역시 단순한 삶을 추구하는 태도를 말해. 옷도 살림도 넘치지 않게 필요한 만큼만 소유하자는 거지. 옷장 속에는 자주 입지 않는 옷이 더 많잖아.

미니멀 라이프를 따르면 삶이 단순해지지. 게다가 그게 더 경제적이야. 이런 태도는 삶뿐만 아니라 글쓰기에도 필요해. 직장인들 사이에서는 한동안 '원 페이퍼 보고서'가 유행이었어. 불필요한 자료는 빼고, 한 페이지로 간결하게 요약한 보고서지. 한 장이라는 물리적 제한을 둬 핵심만 담자는 얘기야.

'KISS'가 뭔지 알아? "Keep It Short & Simple"의 줄임말이야. 오래전부터 널리 알려진 '좋은 표현'의 원리지. 좋은 문장은 짧고 간결해. 글쓰기에서 간결함이 궁극의 목표는 아니야. 목표는 효과적인 의사소통이지. 간결하게 쓰면 핵심을 재빨리 전달해서 원하는 반응을 빠르게 얻어 낼 수 있어. 즉, 효과적인 의사소통을 할 수 있지.

간결하게 쓰려면 어떻게 해야 할까? 한 문장에 하나의 생각을 담아야 해. 작가 플로베르는 일물일어一物一語를 주장했어. "한 가지 현상을 표현하는 데는 오직 한 가지 말밖에 없다"라는 주장이야. 이 말을 확장해서 일문일사一文一思, one sentence one idea, 일단일화一段一話, one paragraph one topic를 생각해 볼 수 있지. 한 문장에 하나의 생각만, 하나의 단락에 하나의 메시지만 담는 거야.

문장도 다이어트가 필요해

한양대 정민 교수가 석사 학위 논문 심사를 받을 때였어. 정 교수가 어떤 한시를 번역했대.

"텅 빈 산에 나뭇잎은 떨어지고, 비는 부슬부슬 내리는데."

이 문장을 본 지도 교수가 이렇게 따졌어. "빈 산이면 됐지, 왜 '텅'이 붙나? '나뭇잎'이나 '잎'이나? '떨어지고'나 '지고'나? 그리고 비가 내리지 올라가나?" 결국 정민 교수는 불필요한 부분을 지우고 이렇게 바꿨어.

"빈 산 잎 지고, 비는 부슬부슬."

어때? 22자를 11자로 줄인 거야. 글은 짧아졌는데 여운은 더 깊어졌어. '여백의 미'라는 표현이 있잖아? 비어 있는데 아름답다는 뜻이지. 문장도 마찬가지야. 간결한 시구가 독자에게 더 많은 상상을 불러일으키지. 공백을 독자 스스로 채우면서 읽어 가야 하니까. 이 과정에서 시의 여운은 깊어지고 독자는 작품에 더 깊이 빠져들게 되지.

"비만은 만병의 근원이다." 헬스클럽 광고지에서 흔히 보는 문구야. 군살이 많으면 몸도 무거워지고 혈액순환도 잘 안 돼. 글도 마찬가지야. 글에 군더더기가 많으면 뜻이 제대로 전달되지 않아. 문장도 다이어트가 필요하지. 군살이 붙은 문장이 아니라 날씬하지만 건강한 문장을 쓰자.

혹시 '린매스업'이라는 말 들어 봤어? 불필요한 지방은 빼고 근육만 늘리는 것을 말해. 글쓰기에도 이런 과정이 필요하지. 필요한 정보만 남기고 쓸데없는 정보는 지우는 거야. 미국의 유명한 글쓰기 교육 전문가 윌리엄 진서 교수는 이렇게 말했어. "글쓰기 실력은 필요 없는 것을 얼마나 많이 걷어 낼 수 있느냐에 비례한다." 그러면서 그는 "좋은 글쓰기의 비결은 모든 문장에서 가장 분명한 요소만 남기고 군더더기를 걷어 내는 데 있다"라고 했지. 빼도 되는 말은 최대한 빼자. 아까워하지 말고 과감하게! 지나치게 많이 찐 살이 빠지는 걸 아까워하는 사람은 없지만, 애써 쓴 단어와 문장을 지우는 건 아까워하는 사람이 많아. 그러나 아낄수록 문장은 나빠져.

문장이 짧고 간결해지면 독자가 이해하지 못할까 걱정하는 사람들이 있어. 작가 스티븐 킹이 이런 사람들에게 한 말이 있지. "여러분의 독자가 늪 속에서 허우적거린다면 마땅히 밧줄을 던져 줘야 할 일이다. 그러나 쓸데없이 30미터나 되는 강철 케이블을 집어 던져 독자를 기절시킬 필요는 없다." 간결하게 줄여도 독자는 충분히 추측하고 상상할 수 있어.

참, 간결함이 아무리 중요해도 다음 문장처럼 쓰라는 건 아니야. 간결함을 위해 지나치게 응축하면 오히려 얼른 이해하기 어렵고, 문장이 딱딱해지거든.

수능 대비 수학 실전 모의고사 활용법 꿀팁 대방출 임박! (×)

봐 봐, 명사만 늘어놓으니 딱딱하고 답답하지? 간결하면서도 자연스럽게 써야 해. 이렇게 고쳐 보자.

수능에 대비하는 수학 모의고사 활용법, 꿀팁을 곧 알려 줄게. (○)

한 번 쓴 단어는 다시 쓰지 않기

요리를 맛있게 하려고 양념과 조미료를 쏟아부으면 어떻게 될까? 되려 맛이 없어져. 맵고 짜다고 아우성일 거야. 신선한 재료로 음식 본연의 맛을 살려야 먹는 사람들이 감탄하지. 글을 쓸 때도 마찬가지야. 멋진 문장, 그럴듯한 문장을 짓겠다는 욕심에 이것저것 쓰게 되지. 하지만 좋은 선택이 아니야. 작가 이태준은《문장강화》에서 이렇게 적었어.

"있어도 괜찮을 말을 두는 너그러움보다, 없어도 좋을 말을 기어이 찾아내어 없애는 신경질이 글쓰기에선 미덕이 된다."

'없어도 좋을 말'이 뭘까? 반복되는 말이야. 같은 낱말을 여러 번 사용하는 단어 반복, 문장구조를 되풀이하는 구조 반복, 이미 했던 말을 표현만 살짝 바꿔 또 하는 의미 반복. 이런 반복을 모두 피해야 해.

그는 프로가 글을 쓰듯이 글을 썼다. (×)

그는 프로처럼 글을 썼다. (○)

'글을 쓰다'가 반복됐는데, 하나로 줄이니 문장이 더 좋아졌지? 같은 낱말이나 구조를 되풀이하면 글의 긴장감이 떨어지고 지루해져. 독자는 새로운 정보를 원하지 한 번 읽은 내용을 다시 읽는 건 원하지 않거든.

사람의 일생은 다섯 단계를 거치는데, 첫째는 유년기를 거치고, 둘째는 소년기를 거치고, 셋째는 청년기를 거치고, 넷째는 장년기를 거치고, 마지막은 노년기의 단계에 도달한다. (×)

사람의 일생은 유년기, 소년기, 청년기, 장년기, 노년기 순으로 다섯 단계를 거친다. (○)

여기서도 필요 없는 말을 뺐더니 지루한 느낌이 사라지지? 예문처럼 반복된 표현이 쉽게 눈에 띄는 때도 있지만, 그렇지 않을 때가 더 많아.

우리는 살면서 타인의 도움을 많이 받으며 살아간다. (×)

예문에 같은 서술어 두 개가 연이어 나와. '살면서'와 '살아간다' 중 하나는 지워도 되겠지?

우리는 살면서 타인의 도움을 많이 받는다. (○)

우리는 타인의 도움을 많이 받으며 살아간다. (○)

주어가 서술어에서 그대로 반복되는 유형이 종종 보여. 이때는 서술어를 바꾸면 좋아.

그 친구는 내 친구 가운데 가장 친한 친구다. (×)

그 친구와 가장 친하다. (○)

반복을 피하는 방법은 간단해. 반복된 단어를 지우거나 다른 표현으로 바꾸면 돼. 한 번 쓴 단어는 다시 쓰지 않겠다고 생각하면서 글을 쓰자. 그러다 보면 자연스럽고 풍부한 표현을 쓸 수 있어. 비슷한 뜻을 지닌 단어나 표현을 찾으면서 어휘력이 쑥쑥 자라거든.

그 원피스는 세상에 한 개뿐인 원피스다. (×)

그 원피스는 세상에 하나뿐인 옷이다. (○)

서재 서랍장의 세 번째 서랍은 아빠의 비밀 서랍이다. (×)

서재 서랍장의 세 번째 칸은 아빠의 비밀 공간이다. (○)

'~점은 ~점이다'나 '~것은 ~것이다' 같은 표현도 많이 써. 간결하게 바꿔 볼까?

젊음의 좋은 점은 실수가 용서된다는 점이다. (×)

젊을 땐 다행히 실수를 용서받는다. (○)

그는 사랑하는 것보다 사랑받는 것을 좋아한다는 것을 깨달았다. (×)

그는 사랑하기보다 사랑받기를 좋아한다는 사실을 깨달았다. (○)

그는 사랑하기보다 사랑받고 싶었다. (○)

동사와 명사를 겹치지 않게 써야 하듯이 조사도 반복되지 않게 써야 해. 같은 글자로 된 조사를 연속으로 쓰면 문장을 읽기 어렵거든. 조사가 겹치면 다른 표현으로 고쳐야 해.

언론은 정부 지원으로 해결한 것으로 보도했다. (×)

언론은 정부 지원으로 해결했다고 보도했다. (○)

반복된 '으로'를 빼니까 글이 더 읽기 쉽지? 그렇다면 같은 단어는 무조건 빼야 할까? 의미를 강조하고 싶을 때는 단어를 반복할 수 있어. 예전에 '초강력울트라슈퍼짱' 같은 표현이 유행했어. '최고'라는 뜻을 강조하기 위해 비슷한 단어를 네 개 나열한 거야. "그를 사랑했으니까, 죽어도 좋을 만큼 그를 사랑했으니까 그의 변심이 뼈저리게 아팠다." 이 문장에서는 사랑했다는 사실을 강조하기 위해 반복했어.

또, 하나의 단어로 굳어졌다면 써도 돼. 표준국어대사전에 실린 족발, 손수건, 축구공, 외갓집, 처갓집 등이 그렇지. 족발은 족+발, 손수건은 손+수건, 축구공은 축구+공으로 되어 있어. 족足이 발이고, 수手는 손, 구球는 공을 뜻하지. 집이 들어간 외갓집, 처갓집 등도 마찬가지야. 외갓집은 외가+집으로, 처갓집은 처가+집으로 이루어져 있어. 여기서 앞말에 들어 있는 가家는 집을 뜻해. '친한 친구' 같은 표현도 있지. 친구親舊라는 말에도 이미 친하다[親]는 뜻이 담겨 있거든. 의미가 중복되지만, 오랫동안 그렇게 쓰다 보니 이제는 하나의 표현이 됐지.

여행 전문가의 가방은 의외로 가벼워. 꼭 필요한 물건만 담기 때문이야. 보통 사람은 이런저런 이유로 여벌의 속옷이나 겉옷 등을 챙겨. 그러나 입어 보지 못한 채 그냥 가져오기 일쑤지. 무겁게 들고 다니기만 한 거야. 혹시 몰라 문장에 집어넣은 여분의 표현을 빼야 해. 불필요한 말을 뺄수록 읽는 사람의 마음도 가벼워지겠지?

꼭꼭 숨어 있는 중복 표현

머릿속에 떠오르는 대로 문장을 쓰다 보면 의미가 같거나 비슷한 말을 연달아 쓰게 돼. 아래 문장을 살펴보자.

톰 링컨은 되는대로 떠돌아다니며 사는 아무짝에도 쓸모없는 떠돌이 부랑자로 배가 고플 때만 일거리를 찾는 사람이었다. (×)

미국 작가 데일 카네기가 쓴 《나의 멘토 링컨》이라는 책에 나오는 문장이야. 여기서 '되는대로 떠돌아다니며', '떠돌이', '부랑자' 등이 의미가 겹치지? 겹치는 부분을 솎아 볼까?

톰 링컨은 아무짝에도 쓸모없는 부랑자였다. 배고플 때만 일거리를 찾

았다. (○)

이제 간결하고 읽기도 쉬워졌어. 다른 예시도 볼까? "마감이 가까이 임박했다." 짧은 문장이긴 하지만 반복된 말이 있어. 임박臨迫은 어떤 때가 가까이 닥쳐온다는 뜻이야. 그러니까 임박이라는 단어에 '가까이'라는 의미가 이미 들어 있어. "마감이 임박했다" 또는 "마감이 가까워졌다"로 표현하면 되지. 하나 더 보자. "우선 자기 몸부터 먼저 챙기자"에서 '우선'과 '먼저'는 같은 뜻이지? 중복 표현은 불필요한 표현이야. 읽는 맛을 떨어뜨리고 의미 전달에도 도움이 안 돼.

5월달은 꽃이 피는 시기인데, 이 기간 동안에 날이 따뜻해서 거의 대부분의 꽃이 한꺼번에 피었다. (×)

5월은 꽃이 피는 시기인데, 이 기간에 날이 따뜻해서 대부분의 꽃이 한꺼번에 피었다. (○)

여기서 '월'과 '달'은 같은 의미야. 한자어와 고유어의 차이일 뿐이지. '기간 동안'도 중복 표현이야. '기간'에 어느 때부터 다른 때까지의 동안이라는 의미가 담겨 있어. '거의 대부분'도 마찬가지야. '대부분'에 '거의'의 뜻이 있지. 모두 삭제해야 간결해. 비슷한 예를 정리해서 알려 줄게.

그때 당시 → 당시

계속 꾸준히 → 꾸준히

남김없이 모조리 → 모조리

작품을 출품하다. → 출품하다.

간단히 요약하다. → 요약하다.

뒤로 후퇴하다. → 후퇴하다.

다시 재정리하다. → 재정리하다.

반복되는 부분이 얼른 눈에 띄지 않는 예도 있어. '전기가 누전되다'에서 '누전'에 이미 전기가 들어 있어. '누전'에서 전電이 전기를 뜻하거든. '누전되다'라고만 해도 되지. '돈을 송금하다'에서 금金은 돈을 뜻해. '돈을 보내다'라고 써야 하지. 그리고 '다시 되돌려주다'는 '되돌려주다'로 쓰면 돼. '되'가 '다시'라는 뜻이거든. 그러니까 만약 '다시 되돌려주다'라고 쓰면 '다시 다시 돌려주다'가 돼 버려.

우리가 흔히 쓰는 '약 50만 원 정도'라는 표현에도 의미 중복이 있어. '약'을 썼다면 '정도'는 필요 없어. '정도'를 쓰려면 '약'은 없어도 되겠지? '더 이상'이라는 표현도 일정한 수준이나 양을 넘는다는 뜻인 '이상'에 '더'를 붙인 형태야. '넘는다'와 '더'가 의미 중복이지. '덜 이하'라는 표현을 쓰지 않는 것처럼 '더 이상'이라고 쓸 필요가 없어. 어떻게 바꿀까? '더'만 쓰든가 '더는'으로 바꾸면 좋아.

자연을 더 이상 망가뜨려선 안 된다. (×)

자연을 더는 망가뜨려선 안 된다. (○)

키 작은 난쟁이? 난쟁이로 충분!

'키 작은 난쟁이'에선 무엇이 중복될까? '난쟁이'에 키가 작다는 의미가 들어 있지? '파란색 색깔의 크레파스'는 어때? '파란색'에 이미 '색깔'의 의미가 담겨 있어. 그렇다면 간단히 '난쟁이', '파란색 크레파스'라고 하면 되겠지. 이런 사례들은 고치기 쉬워. 파란색에 '색'이 들어 있어서 뒤에 나온 '색깔'과 겹친다는 사실을 금방 알아챌 수 있으니까. 중복된 의미를 파악하기 어려운 사례들이 있어.

'가능할 수 있다'에서 '가능'과 '할 수 있다'는 같은 의미야. '가능'만 써도 의미가 충분히 전달되지. "어떻게 그런 일이 가능할 수 있을까?"라는 문장을 간결하게 고쳐 볼래? "어떻게 그런 일이 가능할까?" 또는 "어떻게 그럴 수 있을까?"로 고치면 돼.

성질이 서로 비슷해서 잘 맞는 느낌이 들 때 '동질감'이라는 단어를 써. '동질'은 같은 성질을 뜻해. '감'은 감정을 가리키지. 감정과 상관없는 단어에 감정을 불어넣기 위해 '감'을 붙여. 그런데 '감'을 불필요하게 쓰는 사례가 많아. 가령 "행복감을 느낀다"라는 표현을 보자. 서술어가 '느낀다'인데, 감感에 이미 '느끼다'라는 뜻이 담겨 있지? 의미의 중복이야. '행복하다'라고 하면 충분해. 감정을 나타내는 낱말에 굳이 '감'을 덧붙이지 않아도 돼.

행복감, 불행감, 실망감, 긴장감, 자신감, 절망감, 혐오감 등도 마찬가지야. 그냥 행복, 불행, 실망, 긴장, 절망, 혐오라고 하면 돼. 물론 저 단어들을 아예 쓰지 말자는 뜻은 아니야. 불행감을 제외하고 모두 표준국어대사전에 올라가 있지. 즉, 필요한 경우에 쓸 수 있어. "행복감을 느낀다"를 "행복하다"로 간단히 썼듯이 빼고 써야 더 간결할 때는 빼자는 거야. 다른 예를 들어 볼까? 자신감도 "자신감이 있다" 대신 "자신 있다"라고 적으면 훨씬 간결하지.

당선할지 여부에 관심이 쏠린다. (×)

이 문장에서 '여부'는 없어도 돼. 의문, 추측을 나타내는 '~인지', '~는지', '~할지' 다음에는 굳이 쓸 필요 없어. 둘 또는 여럿 중에서 어느 것인지 의문을 가지거나 추측을 나타내니까. 그렇기 때문에 '여부'가 또 나오면 어색해. 여부與否는 '그러함과 그러하지 아니함'을 뜻해. 쉽게 말해 여부에는 '~일지(인지) ~아닐지(아닌지)', '~할지 ~하지 않을지'라는 의미가 들어 있어. 결국 '~할지 여부'라고 쓰면 '~할지 할지 안 할지'처럼 어색한 표현이 되는 거야. 여부를 빼 봐. "당선할지에 관심이 쏠린다." 자연스럽지? 또는 "당선 여부에 관심이 쏠린다"라고 고쳐도 되겠지?

학급 회의에서 **찬반 여부**를 묻다. (×)

실종자의 **생사 여부**를 확인하다. (×)

'찬반', '생사'처럼 반대어의 대칭으로 구성된 한자어 뒤에 '여부'가 오는 예문이야. '찬반 여부'를 말 그대로 풀자면, '찬성과 반대를 하는지 안 하는지'가 돼. '찬성을 하는지 안 하는지'라고 해야 맞겠지? 간단히 '찬성 여부'라고 쓰면 돼. 생사 여부, 성패 여부, 진위 여부, 존폐 여부, 당락 여부, 가부 여부 등도 마찬가지야. 생사는 생존과 사망, 성패는 성공과 실패,

진위는 진짜와 거짓, 존폐는 존속과 폐지, 당락은 당선과 탈락, 가부는 찬성과 반대를 뜻해. 이럴 때는 앞엣것 하나만 쓰면 돼. 찬성 여부, 생존 여부, 성공 여부, 사실 여부, 존속 여부, 당선 여부, 찬성 여부 등으로 말이야.

당연하게 전제된 사실은 생략해야 문장이 간결해져. 가령 '붉은 체리'. 체리가 붉은 건 누구나 아는 사실이잖아? 강조할 이유가 아니라면 굳이 '붉은' 체리라고 쓸 필요가 없어. 다음은 인터넷 커뮤니티에 올라온 글이야. "저 요즘 힘든데 올려놓은 제 이야기를 읽어 보시고 가장 마음에 와닿는 조언 or 응원 써 주신 분께 선물 드릴게요." 당사자에게 조언하려면 먼저 글을 읽어야겠지? 그러니 "제 이야기를 읽어 보시고"는 빼도 돼. 간단히 고쳐 볼게. "저 요즘 힘든데요. 가장 마음에 와닿게 조언하거나 응원해 주신 분께 선물 드릴게요."

나무를 가지치기하면 열매가 풍성해지듯 불필요한 부분을 잘라내면 문장이 단단해져. 원석에서 필요 없는 부분을 깎고 걷어 내면 보석이 탄생하는 과정과 비슷하지. 작가 생텍쥐페리는 "완벽이란 더 보탤 것이 없는 상태가 아니라 더 뺄 것이 없는 상태다"라고 했어. '더 뺄 것이 없는' 글을 쓰려면 의미 반복을 피해야 해.

부사는 꼭 강조하고 싶을 때만

필요 없는 물건을 아까워 버리지 못하고 집에 쌓아 둔다고 하자. 그러면 집은 생활공간이 아니라 창고가 될 거야. 나중에는 쓰레기장이 될걸? 안 쓰는 물건을 잘 처리해야 집이 쾌적해져. 글도 그렇지. 글쓰기는 글에 무언가를 자꾸 더하는 일이 아니야. 글에서 군살을 빼는 일이지. 군더더기를 버리지 못하면 글을 버리게 돼. 조각가이자 화가 미켈란젤로는 "아름다운 것이란 모든 과잉을 제거한 것"이라고 했지.

불필요한 표현만 덜어 내도 문장이 몰라보게 좋아져. 무엇이 불필요한 표현일까? 그걸 알고 있으면 이 책을 왜 읽냐고? 자, 앞에서도 이야기했던 거야. 미켈란젤로의 말에 힌트가 있어. 복습 삼아 떠올려 보자. 과연 무엇일까? 불필요한 표현을 찾는 방법은 간단해. 빼도 말이 되면 그 표현은 불필요한 표현이야. 군살의 대표 선수는 앞서 살펴본 겹치는 표현이지. 또 하나는 의미 없는 표현, 즉 정보값이 없는 표현이야.

신문사에서 신입 기자를 교육할 때 문장에서 부사와 형용사를 최대한 빼라고 가르친대. 단어 수를 줄이고 구체적인 사실(팩트)로 의미를 전달하기 위해서야. 작가 마크 트웨인은 "글에서 매우, 무척 등만 빼도 좋은 글이 완성된다"고 말했어. 부사를 빼자는 말이지. 작가 스티븐 킹은 심지어 이런 말도

했어. "지옥으로 가는 길은 수많은 부사로 뒤덮여 있다."

뜻을 강조하기 위해 꾸밈말을 마구 붙이는 사람이 많아. 예를 들어 볼까? 매우, 아주, 너무, 무척, 몹시, 많이, 엄청, 사실, 진짜, 특히, 정말로, 상당히, 굉장히, 대단히, 솔직히, 엄청나게, 너무나도. 강조하려고 쓰는 말이 많지? 이런 말을 두세 개 이어 쓰기도 해. 그냥 말해도 될 일을 지나치게 힘주어 말하는 거지. 목에 힘이 잔뜩 들어간 듯한 이런 표현에 귀가 솔깃할까? 대부분은 흘려들을 거야. 있으나 마나 한 표현인 거지. 표현에 민감한 독자들은 오히려 불편하게 느낄지도 몰라.

> 내가 ~~가장~~ 최고로 꼽는 책은 유발 하라리가 쓴 《사피엔스》이다.
>
> 비바람이 ~~워낙~~ 세차서 걷는 데 힘들었다.

의미가 특별히 없거나(정보값이 없거나) 명확하지 않은 부사는 다 빼자. '가장', '워낙', '너무', '유난히'처럼 어떤 상태나 정도를 강조하는 수식어는 불필요할 때가 많거든. '아마도', '동시에', '다시 말해', '그런 이유로' 등의 군더더기도 없애자.

부사를 절대로 써선 안 된다는 말이 아니야. 부사는 때때로 문장의 뜻을 보완하거나 섬세하게 표현하는 데 도움이 되지. 다만 강조하는 의미의 부사는 딱 한 번만 써야 해. 여러 번 쓰면 강조의 효과가 사라지거든. 어떤 말이든 많이 쓰면 정보값이 사라져 버려. 그저 추임새 역할만 남게 되지. 얘기를 듣는 사람이 "헐, 대박"을 계속 외친다고 해 보자. 정말 얘기에 관심이 있는 걸까? 아마 아닐 거야. 지루한 이야기를 들을 때 많이 하는 말이 뭘까? "정말?"이야. 진짜 궁금해서 "정말?"이라고 말할 수도 있지. 그런데 계속 "정말?", "정말?"을 반복한다면 듣고 있는 얘기에 관심 없다는 뜻 아닐까?

반대로 부사를 넣어서 의미가 분명해질 때도 있어. "쓰레기를 버리지 맙시다"라고 하면 뜻을 제대로 전달할 수 없어. 쓰레기를 아예 안 버릴 수는 없으니까. 이 문장에 '함부로'를 넣으면 정해진 곳에 올바로 버리라는 본뜻이 잘 전달되겠지? 여기서 '함부로'는 없어도 그만이 아니라 꼭 있어야 해.

최고의 목수는 못질을 안 한대

접속부사는 문장과 문장을 이어 주는 역할을 해. 이것도 꼭 필요할 때 쓰면 문제없지만, 남용하면 오히려 군더더기가 될 뿐이야. 글쓰기 훈련이 안 된 사람일수록 접속부사를 많이 쓴대. 일부 학생의 글은 접속부사로 가득해. 문장은 뜻을 담고 있지? 접속부사는 그 뜻과 뜻을 이어 주는 기능을 해. 앞뒤 문장이 긴밀히 연결돼 있다면 접속부사는 필요 없어. 가능하면 접속부사를 빼는 게 좋아. 만약 뺐는데 영 이상하면 그때 다시 넣으면 돼.

> 늦잠을 잤다. 그래서 학교에 지각했다. 그러나 다행히 선생님께 혼나지 않았다. (×)
>
> 늦잠을 잤다. 학교에 지각했다. 다행히 선생님께 혼나지 않았다. (○)

고쳤더니 문장이 훨씬 속도감 있게 읽히지? 리듬감도 살아나고. 접속부사가 적은 글이 좋은 글이야. 빼서 말이 된다 싶으면 빼자. 문학평론가 이어령은 최고의 목수는 못질을 하지 않는다고 말했어. 문장도 그래야 한다고. 억지로 못질하는 대신 나무끼리 아귀를 맞추는 거야. 문장과 문장도 그렇게 이어야 해. 그리고, 그래서, 그러나 같은 접속부사가 바로 못과 같은 거야. 서툰 글일수록 그런 못이 많지. 잘 다듬어진 글은 그런 못 없이도 자석처럼 서로 끌어당기고 어울려서 자연스럽게 이어져. 접속부사는 꼭 필요할 때 필요한 만큼만 써야 해.

☑ 반복되는 표현을 고쳐 보기

아래 문장을 간결하게 고쳐 보자.

- 그는 요리사가 요리하듯이 요리를 했다.

- 공무원의 가장 좋은 점은 정년이 보장되는 점이다.

- 어떤 사람의 소지품이나 사용한 물건을 보면 그 사람이 어떤 사람인지 알 수 있다.

- 약육강식은 자연계의 불가피한 현상이므로 피할 수 없다.

- 독립투사들은 일제에 맞서 죽기를 각오하고 결사적으로 싸웠다.

- 실력이 더 뛰어난 회사가 압도적으로 승리할 수밖에 없을 것이다.

정답은 274쪽으로!

쉬는 시간

하얀 백지? 백지는 당연히 하얗지!

〈흰 눈이 오면〉이라는 노래가 있어. 눈은 흰색이니까 이럴 땐 '눈이 오면'이라고 표현해도 돼. 어쩌면 눈의 흰색을 강조하려고 일부러 썼을 수도 있지만 말이야. 흔히 '노래 가사'라는 말을 쓰는데, 가사歌詞에 이미 노래 '가歌' 자가 들어 있어. 중복이지. 그러니 노랫말이라고 하든가 가사라고 하면 돼. 순우리말로 쓸 때 이상하게 뜻이 같은 한자어를 덧붙이는 사례가 많아. 한자를 덧붙이면 더 그럴듯하다고 생각하나? 뒤에 굳이 한자를 붙이지 않아도 돼.

'과반수 이상'이라는 말도 흔히 잘못 쓰는 말이야. 과반수過半數에 이미 이상[過]의 뜻이 들어 있어. '이상'은 빼고 '과반수'라고 하든가 '반수 이상'이라고 해야 하지. 한자어+순우리말로 이루어진 겹말이 많아. 겹말은 같은 뜻의 말이 겹쳐서 된 말이야. '역전 앞'이 대표적이지. 역전驛前에 이미 앞[前]이라는 의미가 있으니 '역전'이라고만 해도 돼.

우리말에는 겹말이 아주 많아. 《새로 쓰는 겹말 꾸러미 사전》에는 우리가 잘못 쓰기 쉬운 겹말이 1004개나 나와 있지. 당일날, 금발 머리, 가로수 나무, 내면 속, 약수물 모두 겹말이야. 어떻게 고치면 될까? 겹치는 말을 빼야 해. 일日과 날, 발髮과 머리, 수樹와 나무,

내內와 속, 수水와 물이 겹쳐 있어. 당일, 금발, 가로수, 내면, 약수라고 간단히 쓰면 돼. '옥상 위', '동해 바다', '전기 누전' 등도 마찬가지야. '옥상 위'에서 상上이 위를 가리켜. '동해 바다'에서는 해海가 바다를 뜻하고. 그냥 '동해'라고 하든가 '동쪽 바다'라고 하면 충분하지. '전기 누전'에도 누전漏電에 이미 전기가 들어 있어.

꾸미는 말과 꾸밈받는 말에 의미가 중복되기도 해. 하얀 백지, 둥근 원형, 늙은 노인, 젊은 청년, 보는 관점, 빠른 속공, 남은 여생, 좋은 호평, 짧은 단도, 오랜 숙원, 다른 차이점, 뜨거운 열기, 따뜻한 온정, 새로운 창조, 새로운 신조어, 아름다운 미모, 잃어버린 분실물, 새로 들어온 신입생. 어때? 이제는 어디가 겹치는지 잘 보일 거야. 앞에서 꾸미는 말을 지우면 돼.

사람들이 너무 많이 써서 사전에 정식으로 등록된 겹말도 있어. '처갓집'은 가家와 '집'이, '고목나무'는 목木과 '나무'가 중복되지만 사전에 올라 있지. 생일날, 전선줄, 단발머리도 사전에 있는 한 단어야. 일日과 날, 선線과 줄, 발髮과 머리가 뜻이 같아.

4장

‘의’, ‘것’은 문장의 잡초, 잡초는 뽑아야지!

"나의 살던 고향은 꽃피는 산골~." 이 노래 알아? 동요 〈고향의 봄〉 첫 소절이야. 가사에 어색한 표현이 있지? 익숙한 노래라 잘 모르겠다면, 힌트! '나의 먹던 빵', '나의 운전하던 차'에 있는 어색한 글자와 같아. 그렇지, 바로 조사 '의'가 문제야. 내가 살던 고향, 내가 먹던 빵, 내가 운전하던 차로 바꿔야 자연스럽지.

이런 표현을 많이 써. 가령 넷플릭스 웹애니메이션 중에 〈푸른 눈의 사무라이〉라는 작품이 있어. 이 제목이 어색하지 않다고? 그럼 이건 어때? '큰 키의 사람'. 이상하지? '키가 큰 사람'이 더 자연스러워. 우리에게 익숙한 '파란 눈의 며느리' 역시 어색한 표현이야. '눈이 파란 며느리'나 '외국인 며느리'라고 해야 맞아. 무엇이든 익숙해지면 자연스러워져. 잘못된 표현조차도 그렇지.

밥 먹음의 곳 vs 밥 먹을 곳

일본어에서는 명사와 명사 사이에 우리말 '의'에 해당하는 'の노'를 꼭 붙여. 일본어에는 띄어쓰기가 없어서 그렇게 하지 않으면 읽기 힘들지. 게다가 'の'가 없으면 고유명사나 다른 뜻으로 오해할 수 있어. 일제강점기를 거치며 우리말에서도 '의'를 쓰는 경향이 두드러졌어. 소설 《혈의 누》, 가요 〈눈의 꽃〉, 애니메이션 〈진격의 거인〉 등은 모두 일본식 표현이야. 피눈물, 눈꽃, 진격하는 거인으로 바꿔야 우리말답지.

우리말은 '의'가 없어도 뜻이 통할 때가 많아. 오히려 왜 사용했는지 알 수 없을 때가 많지. 필요 없다면 과감히 빼자. 엄마의 화장품, 쌀의 소비량, 전문가의 검증 등에서 모두 '의'를 뺄 수 있지? 빼도 얼마든지 뜻이 통하거든. '대부분의 학생들'은 '학생 대부분'으로 쓰고, "각자의 안부를 물었다"는 "서로 안부를 물었다"로 쓰면 돼. '10여 권의 책'은 '책 10여 권'으로 쓸 수 있어. 예문을 보면서 문장을 같이 고쳐 보자.

박수근의 작품은 향토적 색채가 강하다. (×)

이 문장에서 '의'를 빼도 뜻을 전하는 데 문제없어. 또한 '강하다'는 물체나 성격이 단단하거나 강력하다는 뜻이야. 색채를 표현하는 말로는 어색해. '색이 짙다'가 자연스럽지.

박수근 작품은 향토색이 짙다. (○)

박수근이 그린 작품은 향토색이 짙다. (○)

어때 글자 수도 줄고 훨씬 깔끔하지? '의'를 빼니까 더 간결해졌어. 한 문장 더 해 보자.

판매에 성공할 경우 매출액의 5%의 수수료를 받는다. (×)

판매에 성공하면 매출액 5%를 수수료로 받는다. (○)

'매출액의 5%의 수수료'에서 '의'가 연달아 나와 어색하지? '의'를 빼고 나머지 말들을 자연스럽게 고쳤어. '~할 경우'는 '~하면'으로 줄일 수 있지.

'표현의 자유'란 말 그대로 자신의 의견이나 생각 등을 아무런 억압 없이 겉으로 드러내 표현하는 자유로서, 민주주의의 기본권이다.

'민주주의의 기본권'이 뭘까? 민주주의가 보장하는 기본권일까? 민주주의를 지키는 기본권일까? '~의'를 잘못 쓰면 뜻을 쉽게 파악하지 못해 혼란이 생겨. '진화생물학자 리처드 도킨스의 《이기적 유전자》'라고 하면, 《이기적 유전자》는 리처드 도킨스가 쓴 책이 분명하지? 반면에 '그 사람의 책'은 어때? 그가 쓴 책인지 소유한 책인지 헷갈리지. 이런 사례는 많아. '엄마의 그림'은 엄마가 그린 그림, 엄마가 소유한 그림, 엄마 모습이 담긴 그림 등이 될 수 있어. '그의 편지'도 그가 보낸 편지인지 받은 편지인지 알기 어렵지. 혹은 그가 갖고 있는 편지일 수도 있어. 물론 전후 문맥으로 뜻을 알아챌 수는 있지. "그의 편지에는 나에 대한 사랑이 담겨 있다"라는 표현에서 '그의 편지'가 '그가 보낸 편지'임을 짐작할 수 있어. 하지만 '의'를 쓴 탓에 의미가 헷갈린다면 표현을 바꿔서 쓰자.

고속도로 휴게소인 '만남의 광장'도 '만나는 광장'으로 해야 우리말다워. 자주 쓰다 보니 '만남의 광장'이 어색하지 않을 수 있어. 하지만 '밥 먹을 곳'을 만약 '밥 먹음의 곳'이라고 쓰면 어때? 어색한 표현이지? 마찬가지로 '철수의 변한 모습'은 '철수가 변한 모습'으로, '좋은 품질의 제품'은 '품질이 좋은 제품'으로 쓰자. 조사 '와'와 '의'를 겹쳐 쓰는 것도 어색해. '범죄와의 전쟁'은 '범죄 소탕'으로, '전통문화와의 만남'은 '전통문화 만나기', "남편과의 화해가 우선이다"라는 문장은 "남편과 화해하는 일이 우선이다"로 고쳐 써야 자연스러워.

‘의’는 오늘도 열일 중

배우 윌 스미스가 주연한 영화 〈행복을 찾아서〉(2007)의 원제는 ‘The Pursuit of Happiness’야. 만약 ‘행복의 추구’라고 옮겼다면 어색했겠지. ‘행복을 찾아서’는 원뜻을 잘 살린 괜찮은 번역이야. 이렇게 ‘의’를 빼서 자연스러운 문장이 있는 반면에 ‘의’를 연달아 써서 어색한 문장도 있어.

우리의 인생의 깊이는 더욱 깊어질 것이다. (×)

우리가 사랑할 사람은 나의 주변의 사람들이다. (×)

‘의’가 연달아 나오면 부자연스러워. 하나는 지워야 잘 읽히지. ‘우리 인생의 깊이는’, ‘내 주변 사람들’이라고 간결하게 고쳐 쓰자. 하지만 문장에서 ‘의’를 빼려고 ‘나의 친구’를 ‘나 친구’로 쓸 순 없어. 그대로 쓰거나 ‘내 친구’로 써야 해. 이럴 때는 ‘의’를 꼭 써야 하지.

‘나의 친구’와 ‘내 친구’는 똑같은 표현이야. 사람을 가리키는 ‘나, 너, 저’에 조사 ‘의’가 붙어 ‘나의, 너의, 저의’가 되지? ‘나의, 너의, 저의’를 줄여서 ‘내, 네, 제’라고 해. 결국 같은 말이지. ‘나의, 너의, 저의’는 조선 후기에 등장해 개화기부터 흔히 쓰이게 됐어. 일제강점기에 일본어에서 영향을 받았다고 볼 수 있지. '의'는 다음처럼 여러 용법으로 쓰여.

주격: 습관의 형성 시기(습관이 형성되는 시기)

소유격: 나의 책(내가 가진 책)

처소격: 서울의 남산(서울에 있는 남산)

목적격: 영화의 관람(영화를 관람함)

속격: 그들의 나라(그들이 속한 나라)

동위격: 두 사람의 사내(사내 두 사람)

비교격: 거지의 행색(거지와 같은 행색)

자격격: 사람의 도리(사람으로서 도리)

기구격: 피의 홍수(피로 된 홍수)

'의'를 아예 안 쓸 수는 없어. 문제는 필요 없는 곳에 쓰거나 반복해서 쓰는 데 있지. 선생님 학창 시절에 '에또 선생님'이 계셨어. 말 중간중간에 "에~, 또"라는 말을 자주 하셨지. '의'를 문장 곳곳에 쓰는 것은 그 선생님 말버릇과 비슷해. 불필요하고 습관적인 사용이지.

그러나 '의'를 잘 쓰면 문장 길이를 줄이는 데 도움이 돼. 문장을 짧고 간결하게 만들 수 있지. '생활에서 발견하다'를 '생활의 발견'으로 바꾸면 간결하지. 그래서 책 제목, 기사 제목, 방송 프로그램 제목에서 '의'를 많이 써.

전국 규모 전염병 원인 조사를 위해 정부가 전문가를 파견했다. (×)

명사를 연달아 다섯 개나 나열한 문장이야. 핵심적인 명사만 늘어놓은 문장을 보니 어때? 마치 뉴스 헤드라인을 읽을 때처럼 딱딱한 느낌이 들지 않니? 명사만 줄줄이 이어지다 보니 문장의 리듬감도 깨져. '의'를 넣으면 그런 느낌이 조금 덜하지. 또는 나열된 명사를 풀어 쓰면 한결 부드러워져.

전국 규모 전염병의 원인 조사를 위해 정부가 전문가를 파견했다. (○)
전국 규모의 전염병이 유행하자 정부가 원인을 조사하려고 전문가를 파견했다. (○)

이중주어 문장에서 '의'를 활용해 주어를 하나로 만들 수도 있어. "코끼리는 코가 길다", "슬기는 마음씨가 곱다" 같은 문장을 이중주어 문장이라고 해. 한 문장에 주어가 둘이라서 다소 혼란스러워 보인다면? '의'를 활용해 주어를 하나로 만들 수 있어. "코끼리의 코가 길다", "슬기의 마음씨가 곱다"로 고치는 거야. '의'를 넣으니까 '곱다'의 주체가 더 분명해 보이지?

문장을 지루하게 만드는 '것'

국립국어원이 2000년부터 3년간 문학작품·신문·잡지에 실린 글을 조사해 보니 가장 많이 쓰인 낱말은 의존명사 '것'이었대. 다음 예문에서 '것'을 한번 세어 봐.

> 사회 심리학자 에리히 프롬은《사랑의 기술》에서 사랑은 빠지는 것이 아니라고 말한다. 사랑은 운명적으로 상대를 만나 사고처럼 당하는 것이 아니다. 사람들이 크게 착각하는 것이 있다. 사랑을 받는 것이라는 착각이다. 사랑은 받는 것이 아니라 주는 것이다. 수동적인 것이 아니라 능동적인 것이 사랑이다. 굳건히 뿌리를 내리고 마음을 내어 주는 것이 사랑이다. 능동적인 힘이 사랑인 것이다.

이 글에는 '것'이 열 번이나 쓰였어. '것'은 웬만한 단어를 대신해 쓸 수 있어서 생각 없이 글을 쓰다 보면 글에 온통 '것'이 넘쳐나지.

'~한 것이다', '~인 것이다'는 습관적으로 가장 흔하게 쓰는 표현이야. 학생이든 어른이든 글쓰기를 따로 배우지 않은 사람들이 많이 쓰지. 서너 문장에 한 번꼴로 '것' 폭탄이 쏟아지는 예도 있어. 글 쓸 때 '것'만큼 편한 단어도 없지. 어디다 갖다 붙여도 이상하지 않거든. 적절한 서술어를 찾지 못하거나 적확한 단어를 떠올리지 못할 때 써먹기 좋아.

'것'은 여기저기 다 쓸 수 있어. 마무리가 막히는 곳에 '것이다'를 붙이면 그럭저럭 나쁘지 않아 보이지. 게다가 그럴듯한 느낌마저 들어. '인생은 아름답다'와 '인생은 아름다운 것이다'를 놓고 보자. '것이다' 하나만 넣었는데 문장이 달라 보여. 더 힘 있게 보이지. '것이다'를 남용하는 이유야.

글 쓰는 사람은 편하지만, 읽는 사람은 불편해. '것'을 많이 쓰면 문장이 구체성과 리듬을 잃거든. '것이다'가 반복해서 등장하면 글 전체가 늘어지고 지루해지지. 글을 읽을 때 같은 표현을 계속 마주친다면 지루할 수밖에 없겠지? 예컨대 "그가 바란 것은 성공이다"보다 "그는 성공을 바란다"나 "그는 성공을 추구한다"로 쓰면 훨씬 생동감이 있고 내용도 분명해지지. '바란 것'이라는 표현은 불분명하잖아.

기후 위기는 우리가 생각하고 있는 것보다 무척 심각하다. (×)

기후 위기는 생각보다 심각하다. (○)

'것'을 지우니까 문장이 훨씬 간결해졌지? '것'을 없애자 함께 사라지는 표현이 있어서 그래. 그렇다고 의미가 바뀌지도 않았어. '것이다'를 만병통치약처럼 쓰지만, 만병통치약은 없어. 모든 병에 잘 듣는 약은 사실 어떤 병에도 제대로 쓸 수 없는 약 아닐까.

'것이다'는 확인·강조·정리할 때만

문제는 자원을 비효율적으로 사용하는 것이다. (×)

문제는 자원의 비효율적인 사용이다. (○)

비효율적인 자원 사용이 문제다. (○)

'~이다'와 '~인 것이다'의 차이는 복싱으로 말하자면 잽과 훅의 차이야. 잽은 가볍게 여러 번 치는 기술이고, 훅은 팔을 구부리고 허리를 돌리면서 강하게 치는 기술이야. 훅을 쓴다고 팔을 계속 크게 휘두르는 권투 선수를 생각해 봐. 얼마나 우스꽝스럽겠니? 힘만 쓰다가 어깨도 빠질걸? 보는 사람도 지칠 거야. 가볍게 잽을 이어 가며 상대 힘을 빼다가 결정적 순간에 훅을 날려야 해. 그래야 한 방이 제대로 통하지. 권투에서 '잽-잽-훅'이 효과적인 것처럼 '~이다', '~한다' 등을 쭉 쓰다가 꼭 필요한 순간에 '~인 것이다'를 써야 효과적이야. '~인 것이다'를 자꾸 쓰면 안 돼. 확인·강조·정리하는 문장에만 가끔 써야 하지.

'것'은 뜻이 모호하기 때문에 자주 쓰면 글의 내용을 확실히 전달하지 못해. 되도록 '것'이 대신한 원래 단어를 살려 써야 문장이 분명해져. 또 적절한 단어를 찾는 과정에서 새롭고 다양한 표현을 끌어내지. 글을 더욱 개성 있게 쓸 수 있어. '것'은 문맥에 따라 다양하게 바꿀 수 있어. 주로 일, 뜻, 사물, 사람, 동물, 행동, 생각, 의견, 사실, 사건, 현상, 내용, 소유물 등을 의미해. 구체적인 단어로 바꿀 수 있다면 바꾸자. 아예 빼도 돼.

학생들은 시험에 나오는 것에만 관심이 많다. (×)

학생들은 시험에 나오는 내용에만 관심이 많다. (○)

'천 리 길도 한 걸음부터'라는 게 있다. 시작이 중요하다는 것이다. (×)

'천 리 길도 한 걸음부터'라는 속담이 있다. 시작이 중요하다는 뜻이다. (○)

글을 쓰는 것은 즐거운 것이다. (×)

글쓰기는 즐겁다. (○)

'것'을 많이 쓰는 이유는 게으른 태도로 글을 쓰기 때문이야. 특별한 이유가 있거나 글쓰기 기술로 활용해서가 아니지. 앞서 지적했듯이 '것이다'로 문장을 끝내면 글쓰기가 한결 편하거든. 서술어가 고민스러울 때 '것이다'를 넣으면 쉽게 해결되지. 또 다른 이유는 습관이야. 쓰다 보니 계속 쓰지. 결국 글 곳곳에 '것이다'가 곰팡이처럼 피어나.

문장의 또 다른 잡초, '-적'

'의'와 비슷한 문장의 잡초, '-적'이 있어. 명사(명사구)에 붙어서 '~와 관련된', '그 성격을 띠는'의 뜻을 더하는 말이야. '~스러운', '~다운'과 의미가 비슷하지. '-적'도 우리가 신경 써야 할 일본어 투 표현이야. 일본에서 영어 romantic로맨틱의 '-tic'을 어떻게 옮길까 고민하다가 일본어 발음과 가장 가까운 '~てき데키'를 골랐대. 이 말이 한자어로 的적이지. 이게 우리말에서 '-적'으로 쓰이는 거야. 다양한 우리말 표현을 밀어내고 어색한 말을 만들지.

축구를 통해서 정신적으로나 몸적으로나 마음적으로 회복을 많이 하고 있어요. (×)

꾸미는 말에 습관처럼 '-적'을 붙일 때가 많아. '몸적으로', '마음적으로'처럼 함부로 '-적'을 쓰지. "정신적으로 힘들었다"는 어색하지 않지만, "몸적으로 힘들었다"나 "마음적으로 힘들었다"는 매우 어색해. 왜 그럴까? 원래 한자어에만 붙여 쓰는데, 몸과 마음은 한자어가 아니기 때문이야. 그냥 "몸과 마음이 힘들었다"라고 하면 돼. "일적으로 힘들다" 같은 표현도 "일 때문에 힘들다"라고 해야 자연스럽지.

'-적'을 덜 쓰는 첫 번째 방법은 '-적'을 없애는 것! '의'와 마찬가지로 빼 보고 말이 되면 지우자. 사회적 현상, 반복적 학습, 공통적 요소, 경제적 문제, 기초적인 조사, 문화적 활동 등의 말은 사회 현상, 반복 학습, 공통 요소, 경제 문제, 기초 조사, 문화 활동으로 쓰면 돼. '무조건적으로'라는 말은 간단히 '무조건'이라고 쓰자. '조건 없이'라고 해도 되겠지. 어때? 그래도 뜻이 충분히 전달되지?

두 번째 방법은 자연스러운 우리말로 고치는 거야. '헌신적 태도'는 '헌신하는 태도'로, '안정적인 직업'은 '안정된 직업'으로 바꿔 쓰자. '인간적인 사람'보다 '사람다운 사람'이 자연스러워. '정신적 괴로움 때문에', '정신적으로 괴로워서'라는 표현도 많이 쓰지만, '정신이 괴로워서'라고 써야 간결해. '적'이 많이 보이면 빼거나 자연스러운 표현으로 바꿔 봐.

폐쇄적인 사회를 개방적인 사회로 전환해야 한다. (×)

이 문장은 적을 빼고 '폐쇄 사회', '개방사회'라고 적어도 되지만, 한자어를 우리말로 고치면 더 쉽고 자연스럽지.

닫힌사회를 열린사회로 바꿔야 한다. (○)

모든 '-적'을 빼야 하는 건 아니야. '주관적 태도', '객관적 실체' 같은 표현은 넣는 게 더 나아. '주관 태도', '객관 실체'라고 하면 의미가 명확하지 않으니까. 다만 함부로 자주 쓸 때가 문제지. '-적'을 왜 많이 쓸까? 어떤 학생은 그렇게 말하더라. '-적'을 쓰면 왠지 있어 보인다고. 실제로 지식인들이 많이 써. 그것도 한자어와 함께 많이 사용하지. 가령 '미시적 담론' 같은 표현이 그래. 쉽게 '작은 이야기'이라고 해도 될 말을 한자어와 '-적'을 섞어서 굳이 어렵게 표현한 거야.

'-화'와 '-들'도 뽑아내기

한자어 명사를 동사로 바꾸는 원리는 간단해. 명사로 된 한자어에 '-하다'를 붙이면 동사가 돼. '이해理解', '공부工夫'

라는 한자어에 '-하다'를 붙이면 '이해하다', '공부하다'가 되지. 그런데 어떤 한자어 명사들은 그렇게 할 수 없어. 도시, 민주, 산업, 공업, 세계, 국제, 구체, 일반, 사회, 객관, 백지, 기계, 영화 같은 단어들이야. 가령 도시나 민주에 '-하다'를 붙여 '도시하다', '민주하다'라고 할 수 없지?

이때 '-화'를 넣어서 동사로 만들어. '도시+-화+-하다' 이렇게 말이야. '-화'는 어떤 현상이나 상태로 바뀌는 것을 뜻해. 도시화는 도시처럼 된다는 의미야. '-화'는 한자어 명사와 '-하다'를 이어 주는 접착제와 같아. 그런데 문제는 '-하다'만 붙여도 되는 단어에 불필요하게 '-화'를 넣는 거야. 예를 들어 '가속화하다', '비대화하다'에서는 '-화'가 필요 없어. '가속하다', '비대하다'라는 동사가 있기 때문이지.

기후 위기는 인류 고통을 **가속화할지** 모른다. (×)

기후 위기는 인류 고통을 가속할지 모른다. (○)

빼는 게 좋은 말을 하나 더 살펴볼게. 한국어에서는 복수(둘 이상의 수)를 나타내는 '-들'을 생략할 때가 많아. 우리들, 저희들, 너희들, 제군들, 게네들, 여러분들에서 접미사 '-들'은 빼야 자연스럽지. 우리, 저희, 너희, 제군, 게네, 여러분에 이미 복수의 뜻이 담겨 있기 때문이야. '게네'에서 '-네'는 어떤 사람이 속한 가족 등의 무리를 뜻해. '언니네', '그이네'처럼 쓰이지. 복수 명사에 꼬박꼬박 '-들'을 붙이는 것은 영어식이야. 영어를 배우면서 몸에 밴 습관이지.

문장 속에 복수의 뜻이 담긴 다른 단어가 있거나, 앞뒤 흐름으로 미루어 보아 복수라고 짐작할 수 있을 때는 복수형 접미사 '-들'을 붙이지 않아. 많은 사람들, 수많은 사건들, 여러 물건들이라고 흔히 쓰지만, '많은', '여러'가 있으니 '-들'은 빼도 돼. '여러'의 뜻을 나타내는 말로 '제'가 있어. 제 문제들, 제 단체들도 '-들'을 빼야 맞지. 상당수 업체들, 대다수 사람들, 온갖 잡동사니들도 마찬가지야. 앞말을 통해 복수임을 알 수 있어. 이 외에 별별, 몇몇, 다수의, 복수의, 대개의, 잦은, 다양한, 빈번한, 무수한, 허다한, 거듭된, 반복된, 누적된 등도 같은 이유로 뒤따르는 명사에 '-들'을 붙이지 않아도 돼. 꾸밈말이 아니라 서술어가 복수를 뜻해도 마찬가지야. "손님들이 많았다"는 "손님이 많았다"로 쓰면 되지.

☑ '의', '것', '-적'에 유의하며 고쳐 보기

'의', '것', '-적'을 없애거나 다른 말로 바꿔 보자.

- 문제의 해결은 그다음의 일이다.

- 우리가 누구보다 가장 먼저 사랑할 사람은 다른 사람이 아니라 자기의 주변의 사람들이다.

- 우리가 원하는 것은 평화이다.

- 성공에는 꾸준히 하는 것이 필요하다.

- "낙숫물이 댓돌을 뚫는다"라는 게 있다. 꾸준함이 중요하다는 것이다.

- 폐쇄적인 사회를 개방적인 사회로 전환해야 한다.

정답은 275쪽으로!

쉬는 시간

군더더기는 침 자국과 비슷해

“빼도 상관없는 단어는 ‘반드시’ 뺀다.”

작가 조지 오웰이 〈정치와 영어〉라는 수필에서 제시한 글쓰기 원칙 중 하나야. 많은 글쓰기 책에 “글을 간결하게 쓰라”는 내용이 나오지. 그러나 반대로 쓰는 사람이 많아. 문장을 짧고 간결하게 쓰기보다 길고 장황하게 쓰지.

“이렇게 다 버리면 내 글이 아닌 것 같아요.”

군더더기를 다 없애라고 하면 자기만의 문체가 사라져 버릴까 봐 걱정하는 사람이 있어. 자, 이렇게 비유해 보는 건 어떨까? 어떤 스타일의 옷을 좋아하냐고 물을 수 있어. 하지만 어떤 스타일의 눈곱을 좋아하냐고 묻진 않지? 입가에 흘러내린 침 자국과 눈에 낀 눈곱이 그 사람의 ‘스타일’이 될 순 없으니까. 세수도 안 하고 잠옷 차림인 사람에게 자기만의 멋과 스타일을 기대하긴 어려워. 마찬가지로 군더더기는 ‘자기만의 문체’와 아무 상관이 없어.

평소 쓰는 입말 투거나 오래된 글쓰기 습관이라 고치면 어색할 수 있어. 하지만 군더더기는 고유한 문체가 아니라 불필요한 습관이라고 알고 나면 달라지지. 나중에는 오히려 군더더기가 눈에 거슬릴걸.

3
교시

어울리게

문장에는 각각 맞는 자리가 있어

: 문장 호응과 맞춤법

학교에 가면 옆자리에 짝꿍이 있지? 마찬가지로 문장성분에도 각각 맞는 짝이 있어. 짝이 어긋난 문장은 정확한 의미를 전달하지 못해. 따라서 좋은 문장이 될 수 없지. 문장의 뼈대인 주어, 목적어, 서술어뿐 아니라 부사어, 단어, 구절에도 각각 알맞은 자리가 있어.

5장에서는 주어, 목적어, 서술어 등의 짝을 어떻게 맞출지 배울 거야. 6장에서는 우리 친구들이 자주 실수하는 맞춤법을 살펴보자. 이를테면 “즐거운 하루 보내기 바라/바래” 같은 문장에서 무엇이 맞는지 배울 거야. 맞춤법에 맞게 쓰는 건 정확한 단어를 제자리에 놓는 일이야. 맞춤법에서 중요한 띄어쓰기도 함께 공부해 보자.

5장

퍼즐 맞추듯 어울리는 짝을 찾자

앤서니 브라운의 그림책《돼지책》표지를 보면 한 여자가 세 사람을 등에 업고 서 있어. 업힌 사람은 남편과 두 아들이지. 업힌 세 사람의 표정은 밝지만, 엄마의 얼굴은 무뚝뚝해. 엄마의 굽은 등, 한 사람이 세 사람을 업은 모양이 보기에 불편하지.

마찬가지로 한 문장이 여러 문장을 안으면 기우뚱한 모양이 돼. 주어와 서술어가 여러 개로 늘어나 구조가 복잡해지고 문장도 길어지지. 자칫 호응이 어긋나기도 해. 호응呼應을 사전에서 찾아보면 부름에 응답한다는 의미가 있어. 앞에 있는 말에 응하는 말이 뒤따라오는 것을 뜻해. 가령 '결코' 다음에는 '아니다'처럼 부정하는 서술어가 따라와. '만약' 다음에는 '~라면' 같은 추측의 뜻을 지닌 말이 이어지지. 이런 게 호응이야.

문장의 기둥, 주어와 서술어가 어울리게

주어와 서술어는 문장의 기둥이야. 기둥이 흔들리면 집이 흔들리지. 주어와 서술어가 튼튼해야 문장이 단단해져. 주어와 서술어의 호응 관계가 맞지 않으면 문장의 뜻이 온전히 전달되지 않아. 문장을 쓰면서 유념해야 할 사실은 주어와 서술어가 호응해야 해. 앗, 이 문장 좀 어색하지? 주어와 서술어가 안 어울려. 고쳐 볼게. "문장을 쓰면서 유념해야 할 사실은 주어와 서술어가 호응해야 한다는 점이다." 더 간결하게 쓸 수도 있지. "문장을 쓸 때 주어와 서술어가 호응하도록 유념해야 한다."

자기도 모르게 주어와 어울리지 않는 서술어를 쓰곤 해. 특히 문장이 길수록 실수가 잦지. 문장이 길면 읽는 사람뿐만 아니라 쓰는 사람도 헷갈려. 그럴 때 주어와 서술어만 따로 떼서 확인하면 좋지. 문장구조를 살피려면 문장을 해체해야 해. 해체라고 하니 거창하게 들리는데, 방법은 간단해. 먼저 주어와 서술어, 즉 뼈대만 남기고 나머지는 걷어 내. 뼈대가 가지런한지 살피고 어긋나 있으면 올바르게 맞춰. 마지막으로 아까 걷어 낸 말을 원래 자리에 두면 되겠지?

주어와 서술어가 호응하지 않는 이유가 뭘까? 대개는 주어와 서술어가 멀리 떨어져 있어 글쓴이가 무엇을 주어로 했는지 잊어버리기 때문이야. 주어를 생략했다가 주어와 서술어의 호응이 모호해질 때도 있어.

우리 조상은 민속놀이를 즐겼지만, 서구화 탓에 사라졌다. (×)

우리 조상은 민속놀이를 즐겼다. 하지만 민속놀이는 서구화 탓에 사라졌다. (○)

우리 조상이 즐겼던 민속놀이는 서구화 탓에 사라졌다. (○)

주어가 무엇인지 분명히 확인한 다음에 주어에 맞춰 문장을 이어가는 게 요령이야.

내 동생의 꿈은 대학생이 돼서 배낭을 메고 오대양 육대주를 모두 여행하려고 한다. (×)

꿈은 ~ 여행하려고 한다? 동생의 꿈이 세계 여행인 것은 알겠는데, 문장이 어색하지? 꿈이 여행할 순 없어. '꿈은 ~ 여행하는 것이다'라고 해야지.

내 동생의 꿈은 전 세계를 여행하는 것이다. 대학생이 돼서 배낭여행을 가고 싶어 한다. (○)

문장이 짧으면 실수할 확률도 낮아져. 그러니 긴 문장은 짧은 문장 여러 개로 나누는 게 좋아. 문장이 길어질수록 문장의 처음(주어)과 끝(서술어)이 따로 놀 가능성이 있지. 경부선 열차를 타 본 적 있니? 서울과 부산을 오가는 열차야. 경부선인 줄 알고 서울에서 탔는데, 자다 깨 보니 광주에 도착했다면 기분이 어떨까? 주술 관계가 맞지 않는 문장은 이와 같아. 글을 읽는 사람은 그 글을 계속 읽어야 할지, 그만 읽어야 할지 혼란스러워.

주어와 서술어의 호응은 바른 문장의 기본이야. 양말을 짝짝이로 신거나 단추를 엉뚱한 데 끼우면 보기 안 좋겠지? 주어와 서술어의 호응도 마찬가지야. 동화 《헨젤과 그레텔》에는 길을 잃지 않으려고 숲길에 빵 부스러기를 조금씩 떨어뜨리는 장면이 나와. 남매는 잘 표시했는지 돌아보며 자꾸 확인하지. 그래야 길을 잃지 않으니까. 주술 관계도 마찬가지야. 처음 쓴 주어가 무엇인지 확인하면서 써야 마지막 서술어가 딱 들어맞게 돼. 뒤돌아보지 않으면 문장은 길을 잃지.

주어와 서술어는 최대한 가까이 두자. 주어와 서술어가 너무 멀면 곤란해. 수식어를 줄여 주어와 서술어 사이를 좁히든가, 주어를 서술어 가까이 옮겨야 해. 긴 문장에서는 주어와 서술어를 가까이 두기만 해도 의미 파악이 쉬워지거든.

'주어+목적어+서술어' 순서가 가장 좋지만, 목적어가 길면 '목적어+주어+서술어'로 써도 괜찮아.

많은 전문가가	올해 수능이 평이하게 출제될 것을	예상했다.
주어	목적어	서술어

올해 수능이 평이하게 출제될 것을	많은 전문가가	예상했다.
목적어	주어	서술어

문장이 짧더라도 호응이 안 맞을 수 있어.

글은 직접 써 본 만큼 는다. (×)

글쓰기 실력은 직접 써 본 만큼 는다. (○)

'글이 는다'라는 표현은 어색해. 글이 늘 수는 없지. 주어와 서술어의 호응을 생각해서 '글쓰기 실력'으로 고쳐야 자연스러워.

축구를 찬다? 축구는 '차는' 게 아니라 '하는' 것!

앞에서 주어와 서술어가 문장의 두 기둥이라고 했어. 여기에 목적어를 추가해 보자. "나는 사과를 먹었다"에서 '사과를'이라는 목적어가 주어와 서술어를 이어 주지. 두 기둥에 걸친 대들보와 같아.

집이 탄탄한지 확인하려면 뼈대를 봐야 하듯이 문장이 단단한지 알려면 기둥과 대들보가 반듯한지 살펴야 해. 첫째, 주어와 서술어라는 두 기둥이 잘 어울리는지 살피고, 둘째, 기둥인 서술어와 대들보인 목적어가 잘 맞물렸는지 확인하자. 기둥과 대들보가 집의 기초이듯이, 주어와 서술어와 목적어는 문장의 기본이야. 기둥이 잘 서고 대들보가 잘 놓여야 집이 튼튼하겠지?

인수는 학원에서 영어 강의를 가르친다. (×)

문장에서 서술어와 목적어가 호응해야 해. 이 문장에서 '강의를'이라는 목적어와 '가르친다'라는 서술어는 자연스럽게 호응하지 않아. 다음과 같이 고쳐야 해.

인수는 학원에서 영어 강의를 한다. (서술어를 바꿈)

인수는 학원에서 영어를 가르친다. (목적어를 바꿈)

목적어와 서술어가 짝이 맞지 않는데, 아무렇지 않게 흔히 쓰는 표현이 있어. "축구를 찬다." 축구는 차는 게 아니라 하는 거야. "축구공을 찬다"라고 해야지. "축구를 찬다"고 하는 이유는 탁구·골프·당구·테니스·배드민턴 때문일지 몰라. 이들 스포츠에선 "탁구를 친다"처럼 쓰잖아. 그건 '치다'에 '손이나 손에 든 물건으로 물체를 부딪게 하는 놀이나 운동을 하다'라는 뜻이 있어서야.

하나의 목적어에 여러 서술어가 이어질 때도 주의할 필요가 있어. 예문은 2007년 수능 언어 영역에 나왔던 문장이야.

서비스 업체가 신속히 제품을 수리하거나 교환받도록 조치해 주시기 바랍니다. (×)

두 문장이 합쳐지면서 문제가 생겼어. "서비스 업체가 제품을 수리한다"는 말이 되지만, "서비스 업체가 제품을 교환받는다"는 말이 안 돼. 제품을 교환받는 건 서비스 업체가 아니라 소비자니까. '교환받도록'을 '교환해 주도록'으로 고쳐야 해.

목적어가 여럿이라 헷갈린다면?

목적어가 여럿일 때는 특히 주의해야 해. 목적어마다 어울리는 서술어를 각각 써야 하지.

겨울철에는 가습기나 빨래를 널어 실내 습도를 조절해야 한다. (×)

겨울철에는 가습기를 틀거나 빨래를 널어 실내 습도를 조절해야 한다. (○)

'가습기나 빨래를 널어'라고 하면 '가습기'와 '빨래'가 모두 '널다'의 목적어가 돼. '빨래-널어'는 상관없지만 '가습기-널어'에서 그만 엇박자가 났지. 빨래만 널면 됐지, 가습기까지 너는 것은 곤란하겠지?

옷과 모자를 썼다. (×)

옷을 입고 모자를 썼다. (○)

옷과 모자를 걸쳤다. (○)

예문에서도 목적어가 두 개여서 실수가 나왔어. 문장이 길어지면 실수가 더 잦아지지. 글을 잘 쓴다는 작가들도 예외가 아니야. 문장이 길어질수록 문장의 호응 관계에 유의해야 해.

돌아서서 수도원으로 돌아오는데 저 텅 빈 창고에서 칠십 대의 아빠 스님이 치는 록 기타와 할머니들이 지르는 멋진 함성 소리가 들리는 것 같았다. (×)

《공지영의 수도원 기행 2》에 나오는 문장이지. 목적어와 서술어의 호응과 관련된 내용은 아니야. 다만 문장이 길어지면 누구나 실수할 수 있다는 사실을 잘 보여 주는 사례라서 함께 살펴볼까 해.

예문에는 두 가지 문제가 있어. 먼저, 록 기타와 함성 소리가 들린다는 부분이 문제야. 기타는 들릴 수 없지. 작가는 '록 기타 연주에 함성이 어우러진 소리'를 의도했겠지만, 이렇게 표현하면 안 돼. 둘째는 '함성 소리'야. '함성 소리'는 앞서 살펴본 겹말에 해당해. 함성은 여러 사람이 함께 지르는 소리야. 굳이 '소리'를 덧붙일 필요가 없어. 빼도 의미가 잘 전달되지. 또 함성이 여러 사람이 함께 지르는 소리이기 때문에 할머니들이 '지르는' 함성이라고 하지 않아도 돼. 이것도 의미 중복이야. 참고로, '소리가 멋지다'는 표현도 어색해. 즐거운 소리, 흥겨운 소리가 어울리지.

돌아서서 수도원으로 돌아오는데 저 텅 빈 창고에서 칠십 대 아빠 스님

의 록 기타 소리와 할머니들의 즐거운 함성이 들리는 것 같았다. (○)

목적어가 연달아 나오고 서술어가 하나일 때는 목적어를 잘 나열해야 해.

버스와 택시 기사를 모았다. (×)

'버스'와 '택시 기사'를 모은 것처럼 오해할 수 있어. 다음처럼 써야 해.

버스 기사와 택시 기사를 모았다. (○)

버스·택시 기사를 모았다. (○)

부사어와 서술어에도 궁합이 있어

선생님은 네다섯 살 때 환타에 밥을 말아 먹었어. 오묘한 맛이었지. 상상만 해도 표정이 저절로 찡그려지지 않니? 만약 초밥을 간장 대신 청국장에 찍어 먹는다면 어떨까? 된장찌개에 애호박 대신 멜론을 넣으면? 시리얼을 우유 대신 김치찌개에 부어 먹으면? 상상만으로도 싫을 거야. 서로 어울리는 음식들이 있어. 그래서 '음식 궁합'이라는 말도 있지. 음식 궁합처럼 단어들 사이에도 궁합이 있어. '만약 ~라면', '결코 ~않다', '가능성이 크다' 등은 꼭 붙어 다니지.

부사어와 서술어도 당연히 호응을 확인해야 해. 부사어는 서술어를 꾸미지. 그러나 아무 서술어나 막 꾸미지는 않아. '매우 아름답다'라는 표현은 자주 쓰지만, '잘 아름답다'라고는 하지 않지. 의미상 어울리는 관계가 아니기 때문이야.

말다툼하는 친구들을 말린다고 끼어들었다가 되레 다투게 될 때가 있다. 틀림없이 관계가 서먹해질 수 있다. (×)

2005년 수능 언어 영역에 나온 예문이야. 두 번째 문장에서 쓰인 부사어 '틀림없이'는 '거의 확신한다'라는 뜻이지. 그런데 서술어는 '~해질 수 있다'로 돼 있어. 확신과는 거리가 있지. 이 표현은 그럴 가능성이 있는 정도야. '틀림없이'를 빼거나 '자칫' 같은 부사어로 바꿔야 해.

인간은 한편으로 자연을 이용하면서, 다른 한편으로 순응하면서 살아왔다. (×)

예문에서는 문장을 간결하게 쓰려고 목적어를 생략했어. 문제는 '자연을 순응하다'가 말이 안 된다는 것. '자연에 순응하다'로 해야 맞아.

인간은 한편으로 자연을 이용하면서, 다른 한편으로 자연에 순응하면서 살아왔다. (○)

부정문·의문문과 짝을 이루는 부사어

특정한 부사어는 특정한 서술어만 받기 때문에 유의해야 해. 이를 '의미상의 선택 제약'이라 불러. 쉽게 말해 한 묶음으로 다니는 부사어와 어미가 있다는 거야. 예를 들어 '비록' 다음엔 '-ㄹ지라도', '만일, 만약, 가령' 다음엔 '-면'이 뒤따라야 자연스러워. '단지' 다음에는 '~ㄹ 뿐이다', '~ㄹ 따름이다' 등이 짝지어 나오지. '반드시 ~야 한다' 등도 묶음으로 쓰여. 이 규칙을 따르지 않으면 뜻이 잘 통하지 않을 수 있어. 때로 한쪽 단어를 생략하기도 하지만, 이들의 짝을 제대로 맞추지 않으면 문장이 어색해지지.

아무리 책이 좋기로 밥까지 굶으랴.

내일은 아무리 바쁠지라도 시간을 내 보겠다.

그가 아무리 글을 빨리 쓴다지만 며칠 만에 책을 쓸 수야 있겠는가.

아무리 강철 체력이라면 한겨울에 냉수마찰은 무리다.

네 개 중에 틀린 문장이 있어. 찾았니? '아무리'는 '-아도(어도)', '-더라도', '-을망정', '-기로(서니)' 등의 연결어미와 짝을 이루지. 이를 무시하면 문장 흐름이 어색해져. 마지막 예문이 틀렸어. "아무리 강철 체력이라도 한겨울에 냉수마찰은 무리다"라고 써야 맞아.

'의미상의 선택 제약'에 따라 어떤 부사어들은 부정문이나 의문문을 데리고 다녀. '결코' 다음에는 '~ㄹ 수 없다' 등의 부정형이 나와야 어울리지. '결코'는 '없다' 말고도 '아니다', '못하다' 등의 단어가 들어간 부정문을 이끌어. 결코, 전혀, 별로, 여간, 차마, 그리, 딱히, 과히, 그다지, 도무지, 조금도, 도저히, 좀처럼 등도 부정문에 쓰이지.

그가 차마 그런 짓을 했단 말인가? (×)

'차마'는 의문문에 어울리지 않아. 부정문으로 쓰든가, 의문문에 쓰이는 다른 부사어를 써야 해.

그는 차마 그런 짓을 할 수 없었다. (○)

그가 감히 그런 짓을 했단 말인가? (○)

'감히'는 주로 의문문에 쓰여. '하물며 ~랴?', '설마 ~려고?', '얼마나 ~하겠어?', '아무러면 ~할까?' 등도 모두 의문문과 짝을 이루는 부사어가 쓰인 표현이야. '어찌' 역시 의문문이나 반어 표현에 어울려. 이런 약속을 어기고 문장을 쓰면 그 문장은 비문이 되겠지?

단어와 구절을 대등하게 나열하기

"기침, 발열 등 호흡기 증상자는 반드시 마스크 착용."

질병관리청 코로나19 예방 포스터의 일부야. 기침과 발열은 '호흡기 증상'이지 '호흡기 증상자'가 아니야. "기침, 발열 등 호흡기 증상이 있을 때는~"이라고 써야 해.

"발열, 호흡기 증상자(기침, 인후통 등) 접촉 금지."

포스터에 이런 표현도 나와. 이 표현도 문제가 있어. 쉼표를 저기에 찍으면 '발열'과 '호흡기 증상자'가 구분돼. 쓰인 그대로 보자면 '발열 접촉 금지'와 '호흡기 증상자 접촉 금지'라는 말을 줄인 셈이지. 어떻게 써야 본래 뜻이 잘 전달될까?

"발열 증상자, 호흡기 질환자 접촉 금지"라고 해야 맞아.

이처럼 단어를 나열할 때는 조심해야 해. 같은 범주끼리 격을 잘 맞춰야 하지.

"나는 지금까지 중국, 영국, 오사카에 가 봤다."

'중국'과 '영국'은 국가인 반면에 '오사카'는 도시야. 격이 맞지 않지. "나는 지금까지 중국, 영국, 일본에 가 봤다"라고 하거나 "나는 지금까지 상하이, 런던, 오사카에 가 봤다"라고 해야 해.

엄마는 변호사이고, 아빠는 축구를 좋아한다. (×)

'이고', '이며'는 대상을 같은 자격으로 이어 주는 말이야.

엄마는 변호사이고, 아빠는 공무원이다. (○)

엄마는 수영을 좋아하고, 아빠는 축구를 좋아한다. (○)

단어나 문장을 나열할 때가 많아. 이때 연결하는 말이 쓰이지. 단어를 연결할 때 쓰는 '와/과'는 접속조사야. 문장을 연결할 때 쓰는 '-고/며'는 연결어미지. '와/과', '-고/며' 좌우로는 대등한 것끼리 나열해야 자연스러워. 대등한 나열은 내용이 비슷해야 하고 형태도 같아야 해. '시청, 경찰서, 보건소' 다음에는 기차보다 주민 센터가 내용상 어울려. 시청, 경찰서, 보건소 등은 모두 공공 기관이잖아. 반면에 기차는 교통수단이지. 또 형태가 같아야 해. 단어끼리, 구끼리, 절끼리 짝을 이뤄야 하지. 예문을 보면 더 알기 쉬울 거야.

평화 수호와 인권을 보장하는 것. (×)

평화를 수호하고 인권을 보장하는 것. (○)

평화 수호와 인권 보장. (○)

공부 시간과 잠자는 시간이 부족하다. (×)

공부 시간과 수면 시간이 부족하다. (○)

공부하는 시간과 잠자는 시간이 부족하다. (○)

이처럼 나열이 잘못된 문장이 생각보다 많아. 케이티앤지KT&G라고 들어 봤니? 한국담배인삼공사의 새 이름이야. 한국, 담배, 인삼을 각각 영어로 옮겨서 첫머리를 합쳤지. 한국담배인삼공사는 KT&G를 'Korea Tomorrow and Global'이라고도 선전해. 한국어로 옮겨 볼까? '한국, 내일 그리고 세계적'. '한국'과 '내일'은 명사인 반면에 '세계적Global'은 영어로는 형용사, 한국어로는 관형사야. 형태가 어긋난 나열이지.

> 출발하는 버스는 세우지 않으며, 정류소가 아닌 곳에서 승하차를 요구하지 말아 주세요. (×)

버스 승객에게 당부하는 문장이야. '출발하는 버스는 세우지 말고'라고 해야 뒤에 나오는 '주세요'와 호응해. 자격을 같게 하는 이유는 그래야 우선 보기 좋기 때문이야. 문장이 바르게 조화와 균형을 이루기도 하고. 균형이 깨지면 읽을 때 흐름이 끊기지.

조화가 깨진 문장은 의미 전달을 방해해. 분식점 메뉴판 아래에 안내문이 붙어 있었어.

"신메뉴 출시! 쫄면, 소떡, 해물이 들어간 즉석 떡볶이"

손님이 "신메뉴 주세요"라고 주문했어. 주인이 "뭐요?"라고 묻자, 손님이 "쫄면, 소떡, 해물이 들어간 즉석 떡볶이요"라고 답했지. 잠시 뒤에 세 가지 음식이 나왔어. 당황한 손님이 "저는 떡볶이만 주문했는데요"라고 말했지.

손님은 떡볶이에 쫄면이랑 소떡이랑 해물이 들어갔다고 착각했어. 주인은 '쫄면', '소떡', '해물이 들어간 즉석 떡볶이' 세 가지 음식을 신메뉴로 출시했지. 이게 다 안내문을 잘못

적은 탓이야. '해물이 들어간 즉석 떡볶이, 쫄면, 소떡'이라고 하면 오해할 일이 없겠지.

두 대의 버스와 트럭이 추돌했다. (×)
A B

A가 단어이면 B도 단어가 되어야 하고, A가 구이면 B도 구가 되어야 해. 예문은 그 원칙에서 벗어나 의미가 흐릿해졌어. '와'의 앞은 구(A)이고 뒤는 단어(B)야. 이 문장은 과연 '버스 두 대와 트럭 한 대'를 말하는 걸까, '버스 한 대와 트럭 한 대'를 말하는 걸까? 꾸미는 말인 관형어('두 대의')를 앞에 내세운 뒤에 명사를 나열하면 그 관형어의 수식 범위가 애매해질 수 있어.

흰옷을 입은 슬기와 민기가 나란히 서 있다. (×)

흰옷을 입은 사람이 누구일까? 슬기 혼자일까, 아니면 슬기와 민기일까? 둘 다 흰옷 차림이라면 다음과 같이 표현해야 정확해.

슬기와 민기가 흰옷을 입고 나란히 서 있다. (○)

슬기만 흰옷을 입었다면 다음과 같이 써야 하지.

민기와 흰옷을 입은 슬기가 나란히 서 있다. (○)

슬기와 민기가 나란히 서 있다. 슬기는 흰옷을 입고 있다. (○)

✓ 문장성분이 어울리도록 고쳐 보기

문장성분이 어울리도록 아래 문장을 고쳐 보자.

- 이 제품의 가장 큰 장점은 싸고 편리하다.

- 내일은 바람과 눈발이 날리겠습니다.

- 비가 많이 오니까 우산과 비옷을 입고 가.

- 인류는 자연을 이용하는 동시에 적응해 왔다.

오해가 생기지 않도록 비슷한 것끼리 바르게 나열해 보자.

- 작년에는 독일, 호주, 페루, 샌프란시코 등에 다녀왔어.

- 두 대의 버스와 택시 세 대가 추돌했다.

정답은 276쪽으로!

쉬는 시간

자세히 보면 호응하지 않는 표현이 많아

문장과 표현을 이치에 맞게 써야 해. 이치에 맞는다는 것은 앞뒤 내용이 서로 모순 없이 이어져야 한다는 뜻이야. 앞뒤 흐름에 적절하지 않은 내용이 등장하거나 인과관계가 적절하지 않으면 논리적으로 틀린 문장이 돼.

'대한민국 피로 회복제'. 어떤 자양 강장제의 광고 문구야. '피로'와 '회복'은 사실상 의미가 적절히 호응하지 않는 표현이지. '피로'는 '과로로 정신이나 몸이 지쳐 힘든 상태'를 뜻해. '회복'은 '원래 상태를 되찾는다'라는 뜻이고. 그러니까 피로 회복은 피로한 상태로 되돌린다는 뜻이 되지? "피로에서 (건강한 상태로) 회복된다"고 표현해야 맞아. '피로 회복'처럼 네 글자로 쓰고 싶다면 '피로 해소', '원기 회복' 정도가 적절하지 않을까?

'쓰레기 분리수거'라는 말도 많이 써. 어디가 잘못됐을까? 두 가지가 문제야. 우선 분리수거가 아니지. 수거는 쓰레기를 거둬 가는 쪽에서 쓰는 말이야. 쓰레기를 내놓는 사람 입장에서는 수거가 아니라 배출이라고 말해야 해. '분리배출'이 맞아.

다음으로 쓰레기라는 표현도 적절하지 않아. 쓰레기종량제 봉투에 버리는 것은 쓰레기가 맞아. 이런 쓰레기는 태우거나 땅에 묻지.

더는 쓰지 못하는 물건을 가리키니까 쓰레기가 맞아. 반면 분리해 배출하는 종이나 플라스틱은 버려지는 게 아니야. 이후에 재활용할 수 있지. 정리하면, '재활용품 분리배출'이라고 해야 정확해.

'안전사고'도 '피로 회복'처럼 글자 그대로 풀이하면 말이 안 돼. '안전한 사고'는 아무리 봐도 이상해. '불안전한 사고'라면 모를까. 그러나 많은 사람이 쓰다 보니 표준국어대사전에 표제어로 올라 있어. "공장이나 공사장 등에서 안전 교육의 미비, 또는 부주의 따위로 일어나는 사고"라고 풀이하지. 논리적으로 맞지 않지만 인정받은 말이야. 일상에서 자주 쓰는 표현 가운데 논리적 호응이 어긋난 사례가 생각보다 많지? 친구들도 이런 표현을 한번 찾아보면 어떨까?

6장

띄어쓰기 하나로 의미가 달라진다면?

“쉼표 하나를 삭제했다가 다시 붙여 넣느라 오전 시간을 전부 허비했다.”

아일랜드 작가 오스카 와일드가 한 말이야. 프랑스 작가 오노레 드 발자크는 원고를 인쇄소에 넘긴 뒤에도 끊임없이 고쳐 썼대. 교정지만 일곱 번 고친 일도 있었어. 추가 비용으로 출판사가 난색을 보이면 자기 호주머니를 털었지. 이런 식으로 원고료를 쏟아부은 게 열 번이나 돼. 쉼표 하나를 두고 오전 내내 고민하고, 원고를 인쇄소에 넘긴 뒤에도 고쳐 쓰고. 왜 그런 걸까? 더 적절한 표현을 찾기 위해서지. 위대한 작가들이 딱 들어맞는 표현을 찾기 위해 얼마나 노력했는지 짐작할 수 있는 대목이야.

가능성이 높다? 많다? 크다?

(중국 건설 업체인) '비구이위안'이 끝내 부도가 나면 이 모든 실물경제가 **직격타**를 맞게 될 겁니다. (×)

2023년 KBS의 시사 프로그램에서 기자가 한 멘트야. 그런데 '직격타'는 국어사전에 없는 말이야. 생명을 위협하는 타격을 뜻하는 '치명타致命打'는 있어. '직격타'가 아니라 '직격탄'이 맞는 표현이야. 곧바로 날아와서 명중한 탄환을 뜻해. 예문과 같이 치명적인 피해를 줄 때 쓰기도 하지.

우리는 다가오는 **발자국 소리**에 이불을 뒤집어쓰고 전율했다. (×)

표준국어대사전에서 '전율하다'를 찾아보면 나오는 예문이야. 발자국은 발로 밟은 자국이지. 발자국에서는 소리가 날 수 없어. '발소리'라고 해야 해. 국가에서 만든, 가장 권위 있는 사전조차도 틀린 문장이 있다니 씁쓸하지.

농축산물 원산지를 말하면서 흔히 저지르는 실수는 '수입산'이라고 표현하는 거야. '산産'은 특정한 곳에서 생산된 물건을 뜻해. 즉 '-산' 앞에는 지역을 나타내는 말이 와야 하지.

‘중국산’, ‘국내산’, ‘완도산’ 등은 맞는 표현이지만, ‘수입산’은 틀린 말이야. ‘수입’은 지역을 나타내는 말이 아니기 때문이지. ‘수입’이라는 나라나 지역은 없지? ‘외국산’이라고 써야 맞아.

‘가능성이 크다/작다’, ‘가능성이 많다/적다’, ‘가능성이 높다/낮다’는 모두 일반적으로 쓰이는 표현이야. 하지만 정확한 의미를 고려하면 가능성에는 ‘크다/작다’가 어울려. ‘가능성’은 앞으로 실현될 수 있는 정도를 의미해. 어떤 상태나 성질의 정도, 규모 등을 나타내는 ‘크다/작다’를 쓰는 것이 적절하지. 반면에 ‘높다/낮다’는 비율·온도·습도·압력 등의 수치가 기준치보다 위나 아래에 있을 때 쓰는 표현이야. ‘많다/적다’는 수량·분량 등이 기준치를 넘거나 기준치에 미치지 못할 때 쓰는 표현이지. 예를 들어, ‘합격률이 높다/낮다’, ‘합격자 수가 많다/적다’처럼 쓸 수 있어.

‘이전以前/이후以後’와 ‘전/후’는 엄연히 다른 말이야. “그 선생님은 2010년 이후 교편을 잡기 시작했다”라고 하면 시작은 2010년부터일까? 아니면 2011년부터일까? 이전/이후는 기준이 되는 때를 포함해. 그러니 당연히 2010년부터 했다는 뜻이야. 반면에 ‘전/후’는 기준이 되는 때를 포함하지 않아. ‘2010년 후’라고 하면 2011년부터를 가리키지.

별것 아닌 것 같지만, 이 개념을 이해하는 게 글쓰기에서 중요해. 정확한 글이 좋은 글이라는 점에서 그렇지. 그런데 신문을 비롯해 인터넷에는 잘못 쓰인 문장이 수두룩해.

통계청이 발표한 '2018년 1월 고용 동향'을 보면 실업자는 102만 명으로 1년 전보다 1만 2000명 늘었다. 1월 기준으로 2010년(121만 8000명) 이후 가장 높은 수치다. (×)

2010년 이후라고 하면 2010년 수치를 포함하는 것이므로 가장 높다고 말할 수 없어. 2010년(121만 8000명) 이후 두 번째로 높은 수치라고 해야 정확한 표현이지. 또는 "2010년 후 가장 높은 수치다"라고 써야 해. 다른 예문도 살펴볼까?

임금 인상이 결정돼 직원마다 20~30만 원 정도 월급이 올랐다. (×)

여기서는 '20만~30만 원'이라고 정확히 써야 해. 그렇지 않으면 월급이 20원 오른 직원이 있다고 오해할 수 있기 때문이야. 물결표(~)에 대해서도 살펴보자. '만 7~14세 사이에'라는 표현을 많이 쓰지? 그런데 물결표에는 이미 '사이'의 뜻이 있어. '만 7~14세에'라고 써도 충분하지.

2주 동안 하루에 2끼를 먹었다. (×)

숫자 표현도 흔히 잘못 쓰곤 해. 예문이 좀 이상하지 않니? 앞에 나온 '2주'는 '이 주'로 읽고 뒤에 나온 '2끼'는 '두 끼'로 읽잖아. 같은 2가 어떨 때는 '이'가 되고 어떨 때는 '두'가 되고. 일관성이 없지. '2끼'가 아니라 '두 끼'로 써야 해.

2주 동안 하루에 두 끼를 먹었다. (○)

'두 끼'를 '2끼'로 쓰지 말자는 건 정확한 의미 전달을 위해서야. 똑같은 2가 '이'가 되기도 하고 '두'가 되기도 한다면 읽는 사람은 헷갈릴 수 있어. 가령 '3시 3끼'를 어떻게 읽어야 할까? '세 시 세끼'일까? 아니면 '삼시 세끼'일까? 글쓴이는 '삼시 세끼'를 의도했는데, 읽는 이는 '세 시 세끼'로 오해할 수도 있지 않을까? 이런 문제 때문에 하나(한), 둘(두), 셋(세), 넷(네), 다섯 등으로 읽어야 할 때는 아라비아숫자 말고 한글로 표기하는 게 좋아. '연필 네 자루'를 '연필 4자루'로 적지 말고 소리 내 읽는 대로 '연필 네 자루'로 적자는 거지.

반면에 일, 이, 삼, 사, 오 등으로 읽는 게 자연스럽다면 아라비아숫자로 표기해도 돼. 예를 들어 '2주'는 '2주'라고 쓰든

'이 주'라고 쓰든 상관없어. 또 '1학년'도 되고 '일 학년'도 돼. '2주'는 [이주]로, '1학년'은 [일학년]으로 읽으니까. 아라비아숫자 표기와 한글 표기가 모두 가능해. 어문규범에서 그렇게 정해 놓은 건 아니고, 정확한 의미 전달을 위해 표기를 통일하자는 거야.

시각을 나타낼 때는 예외야. 아라비아숫자를 쓸 수도 있어. 시각은 '몇 시 몇 분의 때'를 뜻하지. 가령 '두 시 삼십 분' 대신 '2시 30분'이라고 해도 돼. 이건 시계에서 시간을 나타내는 기호가 아라비아숫자로 되어 있기 때문이야. 전자시계든 아날로그시계든 다 그래. 그래서 시각을 나타낼 때는 아라비아숫자를 쓰는 게 관례지. 다만, 시각이 아니라 시간을 나타낼 때는 아라비아숫자 말고 한, 두, 세, 네, 다섯 등 한글로 표기하면 돼. '2시간'이 아니라 '두 시간'이라고 말이야.

맞춤법에 맞게 써야 하는 이유

평소 SNS에서 편하게 문장을 쓰다가 각 잡고 글을 쓰려면 맞춤법이 신경 쓰이지 않니? 맞춤법에 어긋나는 표현은 글 전체의 신뢰도를 떨어뜨리기 때문에 특히 유의해야 해.

> 대통령은 필요하다고 인정할 때에는 외교·국방·통일 기타 국가안위에 관한 중요정책을 국민투표에 붙일 수 있다.

헌법 제72조의 내용이야. 이 문장에는 맞춤법 오류가 있어. '붙이다'와 '부치다'가 다른 표현이거든. '붙이다'는 "봉투에 우표를 붙이다"처럼 떨어지지 않게 한다는 뜻이야. 여기서는 어떤 문제를 표결이나 회의, 재판 등에 넘기어 맡긴다는 뜻의 '부치다'를 써야 해. "국민투표에 붙일 수 있다"가 아니라 "국민투표에 부칠 수 있다"가 올바른 문장이지. 한 나라의 최고 법규에 맞춤법 오류가 있는 거야. 무엇이 오류인지 모르는 사람은 상관없겠지만, 그렇지 않은 사람은 헌법에 대한 신뢰도가 떨어지겠지.

발음과 표기가 비슷해 헷갈릴 때

맞춤법을 다 다루려면 책 한 권으로도 부족해. 학생들이 자주 실수하는 오류만 간략히 살펴보자. 맞춤법 오류의 유형은 두 가지로 나뉘지. 발음과 표기가 비슷한 말을 헷갈려 잘못 적거나 말하는 대로 적다가 틀리곤 해.

인터넷 연결이 안 (되/돼) 답답하다.

재수 끝에 드디어 대학생이 (됬다/됐다).

좋은 사람이 (되자고/돼자고) 다짐했다.

'되'와 '돼'의 발음이 비슷해서 쓸 때 구분하지 못하는 사람이 많아. '돼'는 '되어'가 줄어든 말이야. 여기서 간단한 구분법이 나오지. '되어'를 넣어서 자연스럽게 읽히면 '되어'나 '돼'를 써. 만약 '되어'를 넣었을 때 문장이 이상하면 '되'를 넣을 자리인 거야. 그럼 '되어'를 넣어 볼까? '인터넷 연결이 안 되어 답답하다'는 자연스럽지? 그러므로 '인터넷 연결이 안 돼 답답하다'라고 써. 두 번째 문장은 '되었다'를 넣어 보자. '대학생이 되었다'는 읽기 자연스럽지? 그러니 '대학생이 됐다'로 쓰면 맞아. 세 번째 사례에도 '되어'를 넣어 볼까? '좋은 사람이 되어자고 다짐했다.' 이상하지? 틀린 문장이야. '되어'가 아니라 '되'를 넣어야 해. '좋은 사람이 되자고 다짐했다'가 맞아. 다음 문장은 어떤 게 맞을까?

그건 말이 안 (되/돼).

이 사례는 좀 헷갈릴 수 있어. 마찬가지로 '되어'를 넣어 볼까? '그건 말이 안 되어.' 응? 맞는 것 같기도 하고 아닌 것 같기도 하지? 동사가 문장 끝에 올 때는 반드시 어미가 붙어야 해. 가령 '요즘 나는 놀'이라고 쓸 순 없지? "요즘 나는 놀아"라고 해야 해. '놀' 뒤에 붙은 '-아'가 바로 어미야. 이렇게 동사가 문장 끝에 올 때는 어미와 함께 쓰이지. '되다'라는 동사도 마찬가지야. 문장 뒤에 '되'가 오려면 '-어'라는 어미가 반드시 붙어야 하지. 따라서 '되'만 쓰면 틀려. '그건 말이 안 되어'나 '그건 말이 안 돼'가 맞는 표현이야. 참고로, 문장 끝에 붙는 어미가 '-어'만 있는 건 아니야. '-아', '-다', '-고', '-니', '-자', '-ㄹ래', '-ㄹ까' 등 많은 종결어미가 있어.

'왠지'와 '웬걸'도 많이 헷갈리지? '왠지'는 '왜인지'가 줄어든 말이야. 까닭이나 이유를 묻는 '왜'가 들어 있지. 의미를 따져서 '왠지'가 아니라면 모두 '웬-'이 들어간다고 생각하면 돼. '웬일', '웬걸', '웬만큼', '웬만히' 등이 그렇지. '며칠'과 '몇 일'도 무엇이 맞는지 헷갈리지 않니? 선생님이 명확하게 답을 알려 줄게. 우리말에서 '몇 일'은 없는 표현이야. '며칠'로 써야 하지. '몇 월 며칠'이라고 해야 맞아.

말하는 대로 적으면 안 될 때

열심히 할려고 한다. (×)

'-려고'는 어떤 행동을 할 의도가 있음을 나타내는 연결어미야. '하려고'와 '할려고' 중 무엇이 맞을까? '하려고'가 맞아. 그렇다면 "파스타를 만드려고 하는데, 괜찮을까?"에서 '만드려고'는 어때? 이상하지? 여기서는 '만드려고'가 아니라 '만들려고'라고 해야 맞아.

'-려고'와 '-ㄹ려고'를 어떻게 구분해서 쓸까? 쉬워. 무조건 '-려고'만 붙이면 돼. '하다'의 '하'에 '-려고'를 붙이면 '하려고'가 되고, '만들다'의 '만들'에 '-려고'를 붙이면 '만들려고'가 되는 거야. '-ㄹ려고'가 따로 있는 게 아니라 원래 단어에 ㄹ이 들어 있어서 '-ㄹ려고'가 된 거지. '알다', '놀다', '살다', '빌다', '울다' 등 ㄹ 받침이 있는 단어들은 '알려고', '놀려고', '살려고', '빌려고', '울려고' 등으로 써. ㄹ 받침이 없다면 당연히 '-려고'를 붙이면 되겠지?

그 애랑 사겨도 그다지 기쁘지 않을 것 같았다. (×)

평소 말하는 대로 적다가 '사겨도'라고 잘못 썼어. 기본형 '사귀다'에 가정을 의미하는 어미 '-어도'를 붙여 활용할 때는 '사귀어도'로 써야 해. '사귀어도'에서 'ㅟ+어'를 'ㅕ'로 줄일 이유가 전혀 없지. '사겨도'로 쓰면 안 돼. 비슷한 사례로 '바껴서', '바꼈다'가 있어. '바뀌어서', '바뀌었다'가 맞는 표현이야.

네가 잘되길 바래. (×)

흔히 '바래'로 많이 쓰지만 '바라'가 맞는 표현이야. '바라다'는 생각이나 바람대로 어떤 일이 이루어지길 기대한다는 뜻이지. '바래다'는 색이 변할 때 쓰는 말이야. '바람'과 '바램'도 구별할 필요가 있어. '바라다'의 명사형은 '바람'이지 '바램'이 아니야. '바램'은 '바래다'의 명사형으로 '색이 변함'을 뜻해. '설렘'과 '설레임'도 자주 헷갈리는 말이야. 동사 '설레다'가 맞으니까 '설렘'이 올바른 표현이지. '설레이다'는 없는 표현이야.

1986년 1월 28일, 우주왕복선 챌린저호가 발사 73초 만에 폭발했어. 이 사고로 일곱 명의 우주인이 목숨을 잃었지. 사고 원인은 연료관 이음새에서 누출을 막는 고무 O링O-ring에 있었어. 고무 O링이 추운 날씨 탓에 갈라져 연료가 새면서 사고가 발생했지. 우주왕복선은 수십만 개의 부품으로 구성돼. 부품이 작다고 하찮은 게 아니야. 그중 하나라도 문제가 생기면 치명적인 결과를 낳을 수 있어. 여러 낱말로 이루어진 문장도 마찬가지야. 낱말이 하나라도 제자리에서 벗어나면 문장이 무너지지. 글에 대한 신뢰도 역시 떨어져. 낱말을 정확하게 사용하고 맞춤법에 신경 써야 하는 이유야.

꽃이 피었다 vs 꽃은 피었다

선생님은 너무 바쁠 때는 카톡 메시지를 아예 확인하지 않아. 메시지를 확인하고 답을 바로 해 주지 못하면 뭣하니까 나중에 확인하는 거야. 그런데 어떤 카톡은 바로 확인하게 돼. "대박!", "이걸 어째?", "너도 소식 들었지?", "아무래도 큰 일 난 것 같다"처럼 느낌표나 질문으로 시작되는 카톡은 내용이 궁금해서 바로 확인하지. 최근엔 "너도 거기 가 봤어?"라는 메시지가 왔어. 바로 확인했지. 거기가 어디지? 게다가 '너도'라니…. 다들 가 봤다는 건가? '도'라는 조사를 붙이면 누구든 '뭐지? 나만 빼고 다 가 본 곳이 어디지?' 하며 궁금해할 수밖에 없지. 이것이 바로 조사의 힘이야.

우리말은 조사로 미묘한 의미를 드러내지. "운동을 잘한다", "운동은 잘한다", "운동도 잘한다" 세 문장은 의미가 달라. "운동을 잘한다"는 그저 운동을 잘한다는 사실만 나타내지. "운동은 잘한다"에는 다른 일은 못한다는 의미가 들어 있어. "운동도 잘한다"에는 다른 일도 잘한다는 의미가 들어 있고.

버려진 섬마다 꽃이 피었다.

김훈의 소설《칼의 노래》첫 문장이야. 김훈은 "버려진 섬마다 꽃이 피었다"와 "버려진 섬마다 꽃은 피었다"를 두고 꼬박 일주일을 고민했대. 왜 일주일이나 고민했을까? 조사 하나로 문장이 나타내는 뜻이 달라지기 때문이야. '은/는'과 '이/가'는 어떻게 다를까? 아래 두 예문을 비교해 보면 어감의 차이를 알 수 있어.

1977년 8월 21일 그가 태어났다.

그는 1977년 8월 21일 태어났다.

두 문장은 뉘앙스가 달라. 첫 번째 문장은 태어난 사람을 강조하는 문장이고, 두 번째 문장은 태어난 날짜를 강조하는 문장이야. 하나만 더 보자.

너희들 중에 누가 지각했어?

제가 지각했어요.

너, 지각했지?

저는 지각하지 않았어요.

주어를 강조할 때는 '이/가'를 붙이고, 술어를 강조할 때는 '은/는'을 붙인다고 생각하면 돼. 문장에서 '이/가'와 '은/는'이 같이 올 때가 있지. 이때는 '은/는'이 대주어(주어가 둘인 문장에서 기본이 되는 주어)를 만들고 '이/가'가 소주어(대주어 다음에 오는 주어)를 만드는 경향이 있어.

내가 너는 옳았다고 생각한다. (×)

예문은 "너는 옳았다"와 "내가 생각한다"라는 두 문장으로 이루어져 있어. "내가 생각한다"가 "너는 옳았다"를 안은 형태야. 이 문장에서 대주어는 '나'이고 소주어는 '너'야. 따라서 대주어인 '나' 다음에 '은/는'을 붙이고 소주어인 '너'에 '이/가'를 붙여야 자연스럽지.

나는 네가 옳았다고 생각한다. (○)

'부터', '에', '의'도 살펴보자

문을 여는 시간은 9시부터입니다. (×)

시간을 말할 때 무심코 '부터'를 쓰는 사람이 많아. 어떤 범위나 기간과 상관없이 단 한 번으로 끝나는 일은 '부터'를 쓸 수 없어. 예문의 '9시부터'는 '9시'로 고쳐야 해. 문을 '9시에' 여는 거지 '9시부터' 여는 게 아니니까. 만약 '영업시간'이라고 쓴다면 '부터'를 쓸 수 있어. '영업시간'은 기간과 관련되지? "영업시간은 9시부터입니다"라고 해도 돼.

'부터'는 시작점을 나타내는 보조사야. 흔히 '부터' 다음에는 '까지'가 와서 짝을 이루지. '부터'와 '까지'는 어떤 범위의 시작점과 도착점을 알려줘. 만약 "그는 작년 말부터 실업 상태다"라고 하면 말이 돼. 작년 말부터 지금까지를 뜻하기 때문이야. 이렇게 일정한 기간이나 범위를 나타낼 때만 '부터'를 쓸 수 있어. "새 학기는 5일부터 시작한다", "그는 작년 말부터 취직했다" 모두 '부터'를 쓸 이유가 없어. '에'로 써야 하지.

중국 정부에게 시정을 요구했다. (×)

조사 '에'와 '에게'를 혼동할 때가 많아. 이건 어떻게 구분할까? 먼저 조사 앞에 쓰인 명사를 살펴봐야 해. 명사는 무정無情명사와 유정有情명사로 나눌 수 있어. 무정명사는 감정을 나타내지 못하는 명사를 가리키지. 식물이나 무생물이 여기에 속해. 반면에 유정명사는 감정을 나타낼 수 있는 사람이나 동물을 가리키는 명사야. 무정명사에는 '에'가 붙고, 유정명사에는 '에게'가 붙어. 무정명사에 '에게'를 붙이면 안 돼. 중국 정부는 무생물, 즉 무정명사야. 따라서 "중국 정부에 요구했다"라고 써야 하지.

'에'와 '의'를 혼동하는 때도 있어. '에' 대신 '의'를 쓰거나 '의' 대신 '에'를 쓰는 거지. '의'는 명사와 명사 사이에서 두 명사의 관계를 나타내 줘. 장소를 나타내는 데 쓰이는 처소격 조사 '에'와 분명히 다르지.

배낭여행은 내 삶의 자신감을 심어 주었다. (×)

예문에서는 '~에 ~을 심어 주다'라고 써야 하므로 '삶의'를 '삶에'로 고쳐야 해. 얼른 구분하기 어려운 예들이 몇 개

있긴 하지. '옥에 티', '개밥에 도토리' 같은 표현이 그래. '옥에 티'는 '옥에 티가 있다'에서 '~가 있다'가 생략된 표현이야. '개밥에 도토리'도 비슷하고. '열에 아홉', '만에 하나' 역시 '열 개 중에 아홉 개', '만 가지 가운데에 하나'에서 온 표현이지. 그러니 '에'를 쓰는 게 맞아. 참고로, 표준국어대사전에 등재된 '눈엣가시', '귀엣말(귓속말)' 등에도 '에'가 들어 있어. '눈의 가시', '귀의 말' 같은 표현은 없어.

반면에 '그림의 떡', '새 발의 피', '천만의 말씀' '하늘의 별 따기' 등에서는 '의'를 써야 해. '그림에 떡', '새 발에 피', '천만에 말씀', '하늘에 별 따기'라고 하면 안 돼. 앞 명사가 뒤 명사를 꾸며 주는 구실을 할 때는 관형격 조사 '의'가 온다고 이해하면 되지. 참고로, '절반의 반'을 뜻하는 '반의반', '보통과 다른 갖가지'를 뜻하는 '별의별別의別'에는 '의'를 써.

띄어쓰기는 왜 필요할까?

띄어쓰기 때문에 머리를 쥐어뜯어 본 적 있니? 선생님도 '우리말의 띄어쓰기는 왜 이렇게 어려울까' 하고 생각한 적이 있어. 일어, 중국어 등은 띄어쓰기가 아예 없거든. 영어는 단어마다 띄어 써. 띄어쓰기가 쉽지. 한글 띄어쓰기가 제일 어려워. 우리말은 왜 띄어쓰기하는 걸까? 띄어쓰기하면 뜻을 쉽게 알 수 있기 때문이야. "오등은자에아조선의독립국임과조선인의자주민임을선언하노라차로써세계만방에고하야…." 앞에서 살펴본 독립선언서를 한자 대신 한글로 적은 거야. 띄어 쓰지 않아 의미를 알기 어려워. 한글로 쓰인 옛글도 읽기 힘들어. 어휘나 표현이 낯설기도 하지만, 띄어 쓰지 않아 어려운 거야.

"문장의 각 단어는 띄어 씀을 원칙으로 한다." 한글 맞춤법 제1장 총칙 제2항이야. 이게 바로 띄어쓰기의 대원칙이지. 내용은 간단해. 단어를 경계로 띄어서 쓴다. 단어를 띄어 쓰는 게 대원칙이지만, 모든 단어가 그런 건 아니야. 단어의 품사에 따라 띄어쓰기가 달라지거든. '은', '는', '이', '가' 같은 조사도 단어지만 그 앞말에 붙여 쓰지.

종종 걸음? 종종걸음?

"동시흥분기점까지 2km 남았군." 어, 동시 흥분 기점? 한때 수원~광명 고속도로에 이 특이한 이름의 표지판이 등장해 화제가 됐어. '동시흥분기점'이 과연 뭘까? 2016년 고속도로가 개통한 이후 운전자들에게 엉뚱한 상상을 불러일으키던

이 표지판은 2017년 말께 '동시흥 분기점 2km'로 바뀌었어. 띄어쓰기 때문에 뜻이 달라진 사례야. 띄어쓰기를 맞게 고치니 뜻이 명확히 전달되지? 이처럼 띄어쓰기에 따라 의미가 달라지는 문장을 더 살펴볼까?

노을이 보이는 곳에 살면 퇴근길에 종종 걸음을 멈추게 된다.

노을이 보이는 곳에 살면 퇴근길에 종종걸음을 멈추게 된다.

위 예문에서 '종종 걸음'이라고 띄어 쓰면 퇴근길에 노을을 보느라 가끔 걸음을 멈춘다는 뜻이지만, '종종걸음'이라고 붙여 쓰면 급히 걷는 걸음을 의미해. "지금 막차가 떠났다"와 "지금 막 차가 떠났다"는 문장에서 '막'과 '차'를 붙일 때와 띄울 때 의미가 완전히 달라지지. '막차'는 그날 마지막으로 운행하는 차를 뜻해. 반면에 '막 차'에서 '막'은 '이제 금방'을 뜻하지. "막 차가 떠났다"는 방금 차가 떠났다는 뜻이야.

누구나 (한 번/한번)쯤 가 본다는 식당에 나도 (한 번/한번) 가 볼까?

괄호 안에 무엇을 넣을지 헷갈리지? 앞에는 띄어 쓴 '한 번', 뒤에는 붙여 쓴 '한번'이 들어가야 맞아. 띄어 쓴 '한 번'

은 딱 1회를 뜻하지. 붙여 쓰면 어떤 일을 시험 삼아 시도한다는 의미로 "한번 해 보다"처럼 쓰여. 띄어쓰기에 따라 뜻이 달라지는 말들이 또 있어. '안되다', '잘못하다' 등이야. '안되다'는 일이 좋게 이루어지지 않거나 사람이 훌륭하게 되지 못할 때 쓰지. 예를 들어 "공부가 안된다"처럼 써. 띄어 쓴 '안 되다'는 말 그대로 '되지 않다'라는 뜻이야. "기차가 올 시간이 아직 안 됐다"처럼 쓰지. '잘못하다'는 '잘못'에 '-하다'가 붙어 틀리거나 그릇되게 한다는 의미지. '잘 못하다'는 잘하지 못한다는 뜻으로, 능력 부족을 의미해.

띄어쓰기만으로 의미가 달라진다니 한글이 너무 어렵지? 선생님도 처음에는 공부하느라 꽤 고생했어. 그래도 차근차근 배우면 어느 순간 글쓰기 실력이 일취월장할 거야. 천 리 길도 한 걸음부터! 선생님하고 천천히 알아보자.

의존명사는 어떻게 띄어 쓸까?

의존명사의 띄어쓰기도 많이 틀려. 의존명사는 홀로 쓰이지 못하는 명사야. '네가 본 대로'의 '대로'처럼 꾸미는 말인 관형어와 함께 쓰이지. 관형어 '본' 뒤에 쓴 '대로'가 의존명사야. 책, 연필, 책상 같은 명사는 앞뒤 단어와 띄어 쓰지? '책과

∨연필이∨책상∨위에∨있다'처럼 말이야. 의존명사도 명사이기 때문에 앞뒤 단어와 띄어 써야 해. 그런데 '대로'는 때에 따라 조사로도 쓰여. 조사일 때는 붙여 써야 해. 자, 다음 예문을 볼까?

네가 본 대로 말해라. (의존명사)

사실대로 말하겠다. (조사)

의존명사와 조사를 헷갈릴 때가 많아. '뿐', '대로', '만큼' 등은 조사로도 쓰이고, 의존명사로도 쓰이거든. 조사는 앞말(체언)에 붙여 쓰고, 의존명사는 앞말(관형어) 뒤에 띄어 써. 문장에서 어떤 역할을 하는지 구분하는 방법은 간단해. '뿐', '대로', '만큼' 앞에 동사나 형용사가 오면 의존명사, 명사가 오면 조사로 보면 돼. '본 대로'에서 '본'은 동사이고 '사실대로'에서 '사실'은 명사이지? 정리하면, 동사·형용사∨대로(의존명사), 명사⌒대로(조사)야. '뿐'과 '만큼'도 똑같은 원리가 적용되지.

'데'도 문맥에 따라 의존명사나 어미로 사용돼. 책이나 신문에서 '데'를 잘못 쓴 사례가 쉽게 보이지. "아무 데나 앉아라." 여기서 '데'는 '곳'을 뜻하는 의존명사야. 이때는 띄어 써야 해. '데'가 문맥상 곳, 장소, 일, 것, 경우 등을 뜻할 때는 의존명사로 쓰였거든. 그러니 띄어 써야 맞지. '데'가 어미로 쓰일 때는 문장 맨 마지막에 나와. "시험이 무지 어렵데"처럼 과거에 직접 경험한 사실을 알려 줄 때 쓰이지. 참고로, "시험이 무지 어렵대"와 구분해야 해. 이는 "시험이 무지 어렵다고 해"가 줄어든 말이야. '-대'는 직접 경험한 사실이 아니라 남이 말한 내용을 전달할 때 쓰이지.

단위를 나타내는 의존명사의 띄어쓰기도 자주 실수하지. '천원, 백명, 백여명' 등은 '천 원, 백 명, 백여 명'처럼 써야 해. 아라비아숫자로 나타낼 때는 '1000원', '100명'으로 붙여 쓰지. '백여 명'은 중간에 '-여'가 있어서 숫자로 나타내더라도 '100여 명'으로 써야 하고.

✓ 틀린 표현을 고쳐 보기

아래 문장에서 틀린 표현을 찾아 바르게 고쳐 보자.

- 저희 가게는 수입산은 쓰지 않습니다.

- 이번에는 웬지 합격할 것 같더니 드디어 경찰이 됬구나.

- 생일이 몇 월 몇 일이야?

- 김치찌개를 만드려고 하는데 비법 좀 알려 줄래?

- 퇴근길에 보니까 그 가게 이름이 바꼈더라.

- 문 여는 시간은 10시부터입니다.

● 너 만큼 나도 열심히 준비했으니까 준비한만큼 실력을 발휘해야지.

● 사실 대로, 네가 들은대로 이야기해 줄래?

정답은 277쪽으로!

쉬는 시간

'당황'과 '황당'의 차이를 아는 사람?

'당황'과 '황당'은 어떻게 다를까? 포털 사이트를 검색해 보면 이런 설명이 나와. 방귀인 줄 알고 꼈는데 똥이 나오면 당황이고, 똥인 줄 알고 쌌는데 방귀가 나오면 황당이라고. 그럴듯한 설명이야. '당황'은 의외의 일을 당해 어찌할 바를 모른다는 뜻이고, '황당'은 전혀 생각하지 못할 정도로 어이없고 터무니없다는 뜻이거든.

'당황'과 '황당'처럼 글자가 비슷하지만, 뜻이 다른 단어들이 많아. 가령 '또', '또는', '또한'은 어떻게 다를까? '또'는 '어떤 일이 거듭하여'를 뜻해. '또는'은 '그렇지 않으면'을 의미하고. '또한'은 '역시'와 같은 의미지. 예문으로 살펴볼까? "우리가 또 이겼다", "월요일 또는 화요일에 만나자", "나 또한 그렇게 생각한다"처럼 쓰여.

"키가 매우 적은 사람"처럼 '작다'와 '적다'를 혼동해서 쓰기도 해. '적다'와 '많다'는 주로 수량을 나타내는 표현으로 '돈이 적다/많다', '책이 적다/많다'와 같이 쓰이지. 반면 '작다'와 '크다'는 크기를 나타내는 표현이기 때문에 '집이 작다/크다', '발이 작다/크다'와 같이 쓰여. 뜻이 비슷해 보이지만 다른 예시를 더 찾아볼까?

'일찍'과 '빨리'는 달라. 12시까지 집에 오기로 한 친구가 11시 30분에 도착했다면 "일찍 왔네?"라고 말해야지, "빨리 왔네?"라고

말하면 안 돼. '일찍'은 시기가 앞선다는 뜻이야. 반면에 '빨리'는 반대말이 '느리게'야. 이 점을 떠올리면 쉽게 구별할 수 있어. 걸리는 시간이 짧다는 뜻이지.

'가늘다'와 '얇다'도 달라. '굵다'와 '두껍다'도 다르지. '팔목이 가늘다'는 맞고, '팔목이 얇다'는 틀려. '얇다'나 '두껍다'는 종이나 책처럼 평평한 사물의 두께를 나타낼 때 쓰이는 말이거든. '허벅지가 굵다'라고 쓸 수 있지만, '허벅지가 두껍다'라고 쓰면 안 돼.

'두껍다'와 '두텁다'도 뜻이 달라. '두껍다'는 '책이 두껍다', '두꺼운 합판'과 같이 평평한 사물의 두께를 가리키는 말로서 '얇다'의 반대말로 쓰여. '두텁다'는 '정이 두텁다', '친분이 두텁다'와 같이 어떤 마음이나 관계가 깊고 단단하다는 뜻이지.

4
교시

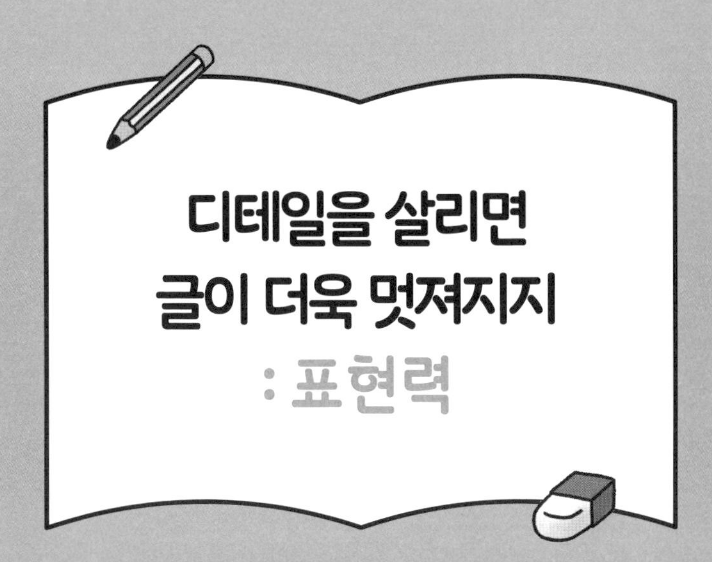

디테일을 살리면 글이 더욱 멋져지지 : 표현력

맛있는 우동을 먹고 한 친구는 "맛있어"라고 하고, 다른 친구는 "탱탱한 면발이 입안에서 춤을 춰"라고 했어. 누구 말을 들었을 때 우동 맛이 머릿속에 더 생생하게 떠오르니? 글은 독자가 구체적으로 상상하고 공감할 수 있게 써야 해. 즉, 디테일을 살려 써야 하지. 마지막 교시에서는 구체적으로 쓰는 방법을 배울 거야.

7장에서는 번역 투 대신 우리말을 써야 하는 이유를 알아보자. 미리 힌트를 주자면 다양하고 풍부한 우리말 표현을 살려 써야 의미가 정확히 전달되고, 더 간결하게 쓸 수 있어. 8장에서는 구체적으로 쓰는 방법을 다양한 사례와 함께 살펴볼 거야.

7장

우리말을 우리말답게, 자연스럽게 쓰자

어느덧 4교시가 되었네? 우리 마지막 교시도 힘차게 시작해 볼까? 한국어는 기본적으로 능동문을 선호해. 말이든 글이든 능동형을 쓰는 게 자연스럽지. 예컨대 "책이 나에 의해 읽혔다"나 "책이 나에게 읽혔다"보다 "나는 책을 읽었다"가 훨씬 자연스러워. 일본어에서는 피동문을 즐겨 쓰지만, 우리말은 다르지. 한국어의 기본 형태는 능동문이야. 피동문은 한 차례 꼬인 문장이지. 간결한 문장이 좋은 문장이라고 한다면, 서술어가 꼬여 간결하지 않은 피동문은 부족한 문장이야. 능동문은 둘러 말하지 않기 때문에 의미가 모호하거나 오해받는 일이 드물어.

우리말은 능동문을 좋아해

"민수가 책을 읽었다"처럼 '누가 무엇을 어떻게 하다'로 표현되는 문장이 능동문이야. 능동문은 행위 주체(민수)를 주어(민수가)로, 대상을 목적어(책을)로, 행위를 나타내는 말을 서술어(읽었다)로 하는 문장이야. 피동문은 "책이 민수에 의해 읽혔다"처럼 '무엇이 어떻게 되다'로 표현되지. 피동문은 행위 대상(책)을 주어(책이)로 하고 서술어(읽었다)를 그에 맞춰 바꾸지(읽혔다). 피동문에서 행위 주체(민수)는 빠져. 결국 행위나 동작의 주체에 따라 능동문과 피동문이 나뉘지. 문장에서 행위나 동작을 나타내는 말이 서술어(읽다)야. 서술어에서 표현된 행위나 동작을 주체(민수)가 제힘으로 하면 능동문이 되고, 주체가 아니라 대상(책)이 서술어에 표현된 대로 하면 피동문이 되지. 충분히 능동형으로 쓸 수 있는데, 피동형을 쓸 때가 많아. 예문을 보자. 왼쪽 구절을 오른쪽처럼 고쳐 쓸 수 있어.

나치에 의해 살해된 유대인 → 나치가 살해한 유대인

말버릇이 고쳐져야 한다. → 말버릇을 고쳐야 한다.

100년 전에 지어진 집 → 100년 전에 지은 집

하룻밤 새에 만들어진 법안 → 하룻밤 새에 만든 법안

페인트가 새로 칠해진 아파트 → 페인트를 새로 칠한 아파트 그럴 필요가 없는데 자주 피동형으로 쓰는 동사들이 있어. 발전하다, 감소하다, 개회하다, 약화하다, 악화하다, 붕괴하다 등이야. 이런 동사에서 '~하다' 대신 '~되다'로 표기하는 사람이 많아. "경제가 발전됐다"는 "경제가 발전했다"로, "생산량이 감소됐다"는 "생산량이 감소했다"로 쓰면 돼. 굳이 피동문으로 쓸 이유가 없지. 이렇게 별 의미 없이 피동형 표현을 쓰는 때가 많아. 불필요한 습관이지.

> 국군은 국가의 안전보장과 국토방위의 신성한 의무를 수행함을 사명으로 하며, 정치적 중립성은 **준수된다**(헌법 제5조 2항).

> 대통령으로 **선거될** 수 있는 자는 국회의원의 피선거권이 있고 선거일 현재 40세에 달하여야 한다(헌법 제67조 4항).

예문에서 헌법 제5조 2항을 보자. "정치적 중립성은 준수된다"라는 문장은 어색해. 주어가 '국군은'이기 때문이야. "정치적 중립성을 준수해야 한다"로 고치는 것이 자연스럽지? 헌법 제67조 4항 문장도 부자연스러워. '대통령으로 선거될 수 있는 자'라는 표현 대신 '대통령 후보자'라고 하면 더 간결하고 자연스럽지. '준수되다'와 '선거되다'라는 피동 표현을 잘못 쓴 탓에 두 조항의 문장이 어색해졌어.

조련사에 의해 '길들여진' 돌고래?

〈잊혀진 계절〉이라는 옛 노래가 있어. 여기서 '잊혀지다'를 살펴보자. 피동문은 일반적으로 피동의 뜻을 나타내는 접미사 -이-, -히-, -리-, -기-를 붙이거나 피동의 의미가 있는 '~아지다', '~어지다', '되다', '~게 되다'와 같은 표현을 사용해. '잊혀지다'는 '잊+-히-(피동 접미사)+어지다(피동을 뜻하는 보조동사)'로 되어 있지? '히'와 '어지다' 모두 피동의 뜻을 나타내. 이렇게 피동이 겹치면 이중 피동이라고 해. 피동에 피동을 더한 문장이지. 한마디로 배배 꼬아 표현한 거야.

"조련사에 의해 길들여진 돌고래"라는 피동문처럼 배배 꼬아 표현할 필요가 있을까? "조련사가 길들인 돌고래"라고 하는 쪽이 더 자연스러워.

남들에게 보여지기 위해 쓰여진 글은 금방 잊혀진다. (×)

남들에게 보이려고 쓴 글은 금방 잊힌다. (○)

이중 피동에서는 피동을 만드는 표현이 연달아 나와. 예를 들어 '보여지다'는 보+-이-(피동 접미사)+어지다(보조동사)의 구조고, '쓰여지다'는 쓰+-이-(피동 접미사)+어지다(보조동사)의 구조야. 다음 표현들은 모두 이중 피동이지. 이를 오른쪽처럼 써야 해.

보여지다 → 보이다
쓰여지다 → 쓰이다
쌓여지다 → 쌓이다
짜여지다 → 짜이다
모여지다 → 모이다
놓여지다 → 놓이다
잊혀지다 → 잊히다
읽혀지다 → 읽히다
묻혀지다 → 묻히다
찢겨지다 → 찢기다
담겨지다 → 담기다
불리어지다 → 불리다
나뉘어지다 → 나뉘다
생각되어지다 → 생각되다

어때? 훨씬 간결하지?

자존감 부족이 자신감 부족으로 이어지게 된다. (×)

자존감 부족이 자신감 부족으로 이어진다. (○)

이중 피동은 '피동 접미사+아지다/어지다' 말고 '아지다/어지다+게 되다'의 형태도 있어. 위의 예문이 그렇게 결합한 문장이야. 상황에 따라 피동을 쓸 수 있어. 문제는 피동이 필요 없는데도 자주 쓰는 거야. 특히 이중 피동은 비경제적이야. 이중 피동은 문장구조를 복잡하게 만들고, 오히려 의미를 빨리 파악하지 못하게 해. 피동을 쓸 이유가 없다면 피동문 대신 능동문을 쓰는 게 좋아.

책임을 피하려고 쓰는 표현

와장창! 거실에서 무언가 깨지는 소리가 났어. 놀란 엄마가 안방에서 나와 아들에게 물었지. "뭐야? 무슨 소리야?" 아들은 우물쭈물하다 대답했어. "꽃병이 깨졌어요." 엄마가 물었지. "네가 그랬어?" 아들이 다시 말해. "지나가다 살짝 스친 것 같은데… 깨졌어요."

"제가 꽃병을 깼어요"라는 능동문이 "꽃병이 깨졌어요"라는 피동문으로 바뀌면 '제가'가 빠지지. 그러면 뭐가 달라질까? 능동인 '깨다' 앞에는 그 동작의 주체가 필요해. 피동인 '깨지다' 앞에는 주체가 아니라 동작의 대상(꽃병)이 오지. '깨다'를 '깨지다'로 쓰면 주체가 사라지고 대상이 두드러져. '꽃병이 깨졌다'라고 하면 누가 꽃병을 깼는지 드러나지 않아. 책임을 회피하고 싶을 때 피동을 쓰는 이유야.

능동문에서는 주어가 어떤 행동을 하고, 피동문에서는 주어(대상)가 어떤 행동을 당해. 즉 피동문에서는 행위 주체가 사라지지. 행위 주체를 밝히고 싶지 않거나 불분명할 때 피동문을 쓰기 마련이야. 논리적 근거에 자신이 없을 때, 글쓴이가 문장의 정확성에 책임지지 않으려고 할 때 의도적으로 쓰기도 해. 피동문은 행위 주체가 생략되거나 간접적으로 표현되기 때문에 문장의 의미가 흐릿해지는 문제가 생기지.

2016년 4월, 미국 국가정보국이 "2009년부터 미군이 중동 지역에서 실행한 드론 공격으로 민간인 116명이 사망했다"라고 발표했어. 이에 오바마 미국 대통령이 이렇게 말했지. "죽임을 당해서는 안 되었던 민간인들이 죽임을 당했던 것은 의심할 여지가 없다." 이 문장에는 민간인을 죽인 주체인 미군과 살상 도구인 드론의 정체가 드러나지 않아. 피동의 영어식 표현인 수동태 문장으로 누가 무엇으로 민간인을 죽였는지는 숨긴 거야.

피동과 이중 피동은 신문, 방송 등에서도 많이 보여. 신문 기사에서 흔히 마무리 문장으로 피동형을 많이 쓰지. 판단된다, 보여진다, 주목된다, 평가된다, 이해된다, 해석된다, 전해진다, 예측된다, 전망된다 등이 자주 쓰여. 신문에서 피동형 표현을 자주 쓰는 이유도 마찬가지야. 책임을 회피하기 위해서지. 주어가 없으면 책임도 없으니까.

피동형 기사의 문제를 분석한 책《피동형 기자들》에 따르면 국내 기자들이 피동형을 많이 쓰기 시작한 시기는 군부독재 시절이야. 1980년 5·18 민주화 운동 이후 신문·방송의 편집권은 정부의 손아귀에 있었고, 언론 검열이 극에 달했어. 모든 신문은 서울시청 1층 대회의실에서 검열관의 검토를 거친 후 발간할 수 있었지. 정부 비판을 막으려는 조치였어. 이런 상황에서 어느 기자가 소신껏 기사를 쓸 수 있겠어? 독재 정권을 미화하고 정당화하는 기사를 써야 했어. 하지만 그런 현실이 달갑지 않았지. 그래서 피동형 문장 뒤에 숨기 시작했어.

우리말을 마구 잡아먹는 '가지다'

상대에게 사랑한다고 말할 때 영어와 한국어 표현이 다르지? 영어로는 "I love you"라고 말하지만, 한국어로는 "나는 너를 사랑해"가 아니라 "사랑해"라고 말해. 애칭으로 'love'라는 단어를 쓸 수 있지만 이는 "I love you"와는 엄연히 다르지. "사랑해"라는 표현은 주어를 생략하고, 서술어를 강조하는 한국어의 특성을 잘 보여 줘.

"나에겐 꿈이 있습니다I have a dream." 아주 유명한 문장이지? 1963년 8월 28일, 노예해방 100돌을 기념해 미국 워싱턴 D.C.에서 열린 평화 대행진에서 흑인 민권운동가 마틴 루서 킹 목사가 한 연설 제목이야. 이를 우리말로 "나는 꿈을 가지고 있습니다"라고 옮기면 이상해. '~를 가지고 있다'는 'have가지다'를 직역한 영어식 표현이거든. "나에겐 꿈이 있습니다"로 옮겨야 우리말답지.

'가지다'가 우리말에 강력하게 침투했어. "좋은 시간 가져라." "Have a good time"을 그대로 옮긴 표현이지. 지금은 너무 많이 써서 익숙하겠지만, 우리말을 우리말답게 쓰는 사람 눈에는 한복을 입은 채 넥타이를 두른 것처럼 보일 거야. '친분'에는 '맺다'가, '기대'에는 '품다'가 자연스럽게 이어졌는데, 어느 때부터인지 죄다 '가지다'를 붙여. '가지다'는 본래 '소유'의 뜻으로 쓰던 말이야. 지금은 의미가 넓어져 열 가지가 넘는 뜻으로 쓰이지. '가지다'가 다양한 우리말 표현을 없애고 있어. 마치 하천과 저수지에서 외래 어종 배스가 토종 물고기를 마구 먹어 치우는 것과 비슷하지.

만남의 기회를 가졌다. → 만났다.

특징을 가졌다. → 특징을 지녔다.

공부에 흥미를 가진 적 → 공부에 흥미를 느낀 적

반감을 가졌다. → 반감을 품었다.

색깔을 가졌다. → 색깔을 띠었다.

기공식을 가졌다. → 기공식을 열었다.

데뷔 무대를 가졌다. → 데뷔 무대를 치렀다.

사업체를 여럿 가졌다. → 사업체를 여럿 뒀다.

부채를 가진 → 부채가 있는

배 속에 새끼를 가진 → 배 속에 새끼를 밴

생후 1년 미만인 아이를 가진 → 생후 1년 미만인 아이를 둔

같은 조상을 가진 → 같은 조상을 모신

'가지다'라는 단어를 아무 데나 막 쓰면 언어의 다양성을 해치고, 정확한 의미 전달을 방해할 수 있어. 각각의 상황과 문맥에 따라 적절한 동사를 찾아 쓰자.

부사를 살려 구체적으로 쓰기

영어는 '형용사+명사' 구조를 즐겨 써. "He has a good memory"에서 'good좋은+memory기억력'가 형용사+명사 구조야. 이를 영어식 표현 그대로 "그는 좋은 기억력을 갖고 있다"로 옮기면 어때? 아주 어색하지. '기억력을 갖다'라고 옮기면

기억력 앞에 '좋은'을 둘 수밖에 없어. "그는 기억력이 좋다"라고 옮기면 어떨까? 영어의 '형용사+명사'는 '명사+서술어'로 바꿔야 훨씬 우리말답지. "좋은 기억력"은 '형용사+명사' 형태이고, "기억력이 좋다"는 '명사+서술어' 형태야.

'형용사+명사'는 '관형어+명사'의 한 종류지. 명사나 대명사, 수사 앞에서 뜻을 꾸며 주는 문장성분을 관형어라고 해. '좋은 날씨'에서 '좋은'이 관형어야. 관형어에는 관형사, '의'가 붙은 말, 동사와 형용사의 관용사형 등이 있어. '관형어+명사'는 앞서 살펴본 '글꼬리 늘이기'를 초래해. '각별히 신경 쓰다'를 '각별한 신경'처럼 '관형어+명사'로 말하게 되면 '각별한 신경을 쓰다'라고 써야 하거든. 동사 하나로 충분한 표현을 굳이 '명사+목적격 조사(을/를)+쓰다' 형태로 늘어지게 하지?

'형용사+명사'를 '부사+서술어'로 바꾸면 문장이 더 간결해져. '반가운 악수를 했다'보다 '반갑게 악수했다'가 더 간결하지. '형용사+명사'를 함부로 쓰면 '행복하게 살았다'로 간단하게 끝낼 표현도 '행복한 삶을 살았다'처럼 쓰게 돼. '삶'과 '살았다'가 중복돼 버리지. 이처럼 우리말에서 '관형어+명사' 형태는 중복을 피하기 어려워. 글이 길어지고 당연히 가독성도 떨어지지.

어제 많은 양의 비가 내렸다.

어제 비가 많이 내렸다.

어제 비가 억수로 내렸다.

'많은 양'보다는 '많이 내렸다', '억수로 내렸다'로 쓰니 더 간결하지? '관형어+명사'를 무분별하게 쓰다 보면 문장이 이상해져. 관형어를 함부로 쓰는 건 어색한 번역 투를 만드는 지름길이지. 예문은 신문에서 흔히 나타나는 비문 중 하나야.

영업이익이 1조 원에 달할 전망이다. (×)

이 문장은 관형절(~ 1조 원에 달할)이 뒤에 오는 명사(전망)를 꾸며 주는 형태야. 그런데 '무엇이 ~할 전망이다'는 잘못된 표현이지. 영업이익은 전망이 아니거든. 마찬가지로 '무엇이 ~라는 지적이다/분석이다/평가이다/예측이다/설명이다' 등도 잘못된 표현이야. '무엇이 ~라는 게 전문가들(업계)의 전망이다/지적이다/분석이다/평가이다/예측이다/설명이다'라고 써야 해. 이를 다시 사람을 주어로 삼아 고치면 훨씬 더 우리말답지.

전문가들은 영업이익이 1조 원에 달할 것으로 전망한다. (○)

'관형어+명사'와 관련해서 또 살펴볼 표현은 인사말이야. "좋은 아침", "좋은 하루 되세요", "즐거운 시간 되세요" 같은 인사말은 모두 '형용사+명사'를 포함해. '좋은 아침'은 'Good morning'을 그대로 옮긴 표현이야. '좋은 하루'도 영어의 'nice day'에서 왔을 거라고 추정하지. '좋은 아침', '좋은 하루', '즐거운 주말'처럼 '형용사+명사'를 쓰다 보면 '하루 되세요' 같은 어색한 표현을 쓰게 돼.

"좋은 하루 되세요"에는 주어가 생략돼 있어. 주어를 넣어 보자. '(당신이) 좋은 하루 되세요'가 돼. 사람은 '하루'나 '시간'으로 변신할 수 없지? 당연히 좋은 하루가 될 수 없어. 백보 양보해서 '(오늘 하루) 좋은 하루 되세요'라고 해 보자. 하루를 '되세요'라고 높일 수는 없지. '좋은 하루 보내세요' 정도로 고칠 수 있어. 가장 우리말다운 건 '형용사+명사+서술어'를 '부사+서술어'로 바꾸는 거야. "좋은 하루 되세요"는 "오늘 하루 잘 보내세요"로, "즐거운 주말 보내세요"는 "주말 즐겁게 보내세요"로 고칠 수 있어.

어느 언어든 즐겨 쓰는 표현이나 품사는 그만큼 어휘가 풍부하기 마련이야. 이탈리아에는 파스타 면을 가리키는 단어가 수십 가지가 넘는대. 가장 잘 알려진 스파게티부터 페투치니, 라자냐, 푸실리, 펜네, 부카티니 등 다채로운 모양의 파스타 면이 있어. 우리말에는 관형어보다 부사어가 풍부해. 그만큼 자주 쓰기 때문이야. 예를 들어, 영어에서 'all', 'every', 'entire', 'whole'은 서로 의미가 조금씩 다르지만, 우리말로 옮길 때는 똑같이 '모든'으로 번역해. "All the people went out"은 "모든 사람이 밖으로 나갔다"가 되지. 하지만 부사로 바꿔 번역하면 다채롭게 표현할 수 있어.

사람들이 모두 밖으로 나갔다.

사람들이 모조리 밖으로 나갔다.

사람들이 일제히 밖으로 나갔다.

사람들이 한꺼번에 밖으로 나갔다.

사람들이 우르르 밖으로 나갔다. (의태어)

영어 'all'을 우리말로 옮길 때 쓸 수 있는 부사는 이처럼 다양해. 문장에 담긴 의미에 따라 고스란히, 다 같이, 남김없이, 하나같이, 너나없이, 깡그리, 몽땅, 통틀어, 온갖, 온통, 일일이, 전부, 일체, 죄다, 낱낱이 등으로 바꿔 쓸 수도 있어. 이처럼 부사를 살려 쓰면 더 생생하고 구체적으로 우리말을 표현할 수 있지.

'감옥으로부터의 사색'은 '감옥에서 사색하다'로

2장에서 "짧은 편지를 쓸 시간이 없어서 길게 씁니다"라는 책 속의 글귀를 소개했어. 혹시 기억하니? 《감옥으로부터의 사색》이라는 책에 실린 내용이었지. 이 책에는 좋은 글이 여럿 있지만, 한자가 많다는 점과 제목이 일본어 같다는 점은 흠이야. '~으로부터의 사색'은 어색한 제목이야. 제목을 '감옥에서 얻은 생각', '감옥에서 사색하다' 정도로 고칠 수 있겠지. 〈범죄와의 전쟁〉(2012)이라는 영화가 있어. 이 제목도 좀 어색하지? 1980년대 군사독재 정부가 민주화 요구에 맞대응하려고 '범죄와의 전쟁'을 선포했지. 영화는 그 시대를 배경으로 해. '~으로부터의'와 마찬가지로 '~와의/과의', '~로서의', '~에서의' 등은 모두 일본어 투 표현이야. 즉 우리말다운 표현이 아니지. 우리말답게 고쳐 볼까? '범죄 소탕', '범죄와 벌인 전쟁'으로 바꿀 수 있지.

일본어 번역 투 표현은 간단히 줄이거나 뺄 수 있어. '~에 대하여', '~을 통해', '~로 인하여', '~함에 있어', '~에 있어', '~에게 있어', '~하는 데 있어', '~로 하여금', '~로부터', '~에 있어서는' 등이 여기에 해당하지. 이것들을 대신해서 쓸 만한 표현을 찾아보자.

먼저 '~에 대하여'는 어떻게 생겨난 말일까? 영어 'about'을 일본어로 먼저 번역했어. 그 일본어를 다시 우리말로 옮길 때, '~에 관關해', '~에 관하여', '~에 관한', '~에 대해', '~에 대하여', '~에 대한' 등으로 쓰면서 굳어진 표현이야. 예문을 살펴볼까?

사고 원인에 대하여 생각해 보자.

→ 사고 원인을 생각해 보자.

우리는 기후 위기에 대하여 관심을 두어야 한다.

→ 우리는 기후 위기에 관심을 두어야 한다.

어때? 조사 '을/를'이나 '에'만 써도 충분하지? 문장도 더 간결해졌어. 'through'를 번역한 표현인 '~을 통해'도 불필요해. 뒤에서 살펴볼 '~ing'와 마찬가지로 영어를 일본어로 번역하는 과정에서 사용된 표현이 우리말에 침투한 사례야. 이를테면 "유발 하라리는 《사피엔스》라는 책을 통해 ~을 주장했다"라는 문장을 보자. "《사피엔스》에서 ~을 주장했다"라고 쓸 수 있어. 훨씬 경제적이지? '경우境遇'도 일본어에서 들여온 표현이야. '때'로 바꿔 쓸 수 있어. 가령 "아픈 경우", "부족할 경우"는 "아플 때", "부족할 때"로 고치면 되지.

일본어 번역 투 표현인 '~로 인因하여'는 '인하여'를 빼고 '~로'만 써도 뜻을 전달하는 데 문제가 없어. 예를 들어 "태풍으로 인하여 하천이 넘칠 때"는 "태풍으로 하천이 넘칠 때"로 표현할 수 있어. '~로 인한'도 비슷하지. 이 표현은 아예 삭제할 수 있어. "태풍으로 인한 피해"는 간단히 "태풍 피해"로 쓰면 돼. 또 다른 예도 살펴볼까?

글쓰기를 공부함에 있어서 우리말답게 쓰는 것이 중요하다.

→ 글쓰기 공부에서 우리말답게 쓰는 것이 중요하다.

인생을 살아가는 데에 있어서 중요한 것은 꿈이다.

→ 인생에서 중요한 것은 꿈이다.

오히려 문장이 더 매끄러워졌지? '에 있어서'를 '에서'로 바꾸자 '살아가는 데'라는 군더더기도 함께 사라졌어. 요즘은 '~하는 중이다'가 마구 쓰여. '생각(하는) 중이다', '기다리는 중이다', '원인을 파악(하는) 중이다'처럼 말이야. 이 표현도 일본어 투야. 영어 표현을 일본어로 번역할 때 이런 식으로 하는데, 이를 그대로 우리말에 들여온 사례지. 우리말에는 영어의 현재진행형에 해당하는 표현이 따로 없어. '~한다'만으로도 현재진행의 의미를 전달할 수 있거든. 또는 상태나 진행을 뜻하는 '~고 있다' 형태로 진행형을 대신해. 가령 "나는 학교에 가는 중이다"라는 문장은 "나는 학교에 간다" 또는 "나는 학교에 가고 있다"로 쓸 수 있어.

우리말에서 '중'은 '수업 중', '회의 중', '식사 중'처럼 '무엇을 하는 동안'의 뜻이야. 또는 '방학 중', '수리 중', '임신 중'처럼 '어떤 상태에 있는 동안'을 의미하지. '유명인 중의 유명인'처럼 '가운데'의 뜻으로 쓰이기도 해. 그러니까 진행을 의미할 때는 '~하는 중이다' 대신 '하고 있다'를 써야 해.

일본어 투를 왜 쓰지 말아야 할까?

우리말답지 않은 표현도 계속 보면 어색하지 않아. 앞서 살펴본 '나의 살던 고향'이 대표적인 사례지. 분석해 보면 굉장히 어색한 표현인데, 자꾸 쓰다 보니 익숙해졌어. '오뎅', '지라시', '닭도리탕' 같이 거의 우리말처럼 여겨지는 말도 많아. 하지만 표준국어대사전은 '어묵', '닭볶음탕'을 쓰라고 안내하지. 혹시 콩글리시라고 들어 봤니? '파이팅'처럼 한국식으로 변형된 영어 표현을 이렇게 불러. 응원할 때 많이 쓰지? 이와 비슷한 말로 일본식 영어를 '재플리시'라고 해. 스킨십, 리모컨, 백미러 등은 영어에 없는 표현이야. 일본에서 만들어졌지. 이 말들이 두루 쓰이다 보니까 이제는 표준국어대사전에도 올라 있어.

언어는 끊임없이 움직여. 어휘도 변하고, 의미도 바뀌고, 옳고 그름도 달라지지. 훈민정음이 만들어진 15세기에 '어여쁘다'는 '불쌍하다'라는 뜻이었어. 지금은 '예쁘다'라는 뜻으로 변했지. 비표준어가 시간이 흘러 표준어가 되기도 해. 어제는 틀렸는데 오늘은 맞는 말이 되는 거야. 현재 표준국어대사전에는 '수영하다'가 표준어로 올라 있어. 그러나 '축구하다', '야구하다', '탁구하다', '골프하다' 등은 없지. 사람들이 많이 쓰다 보면 언젠가 사전에 올라가겠지? 이처럼 말은 계속 변해. 그렇다면 선생님은 왜 흔히 쓰이는 일본어 투를 쓰지 말자고 할까?

우리말에 쓰이는 일본어 투 표현이 일본어에 기원을 두기 때문이 아니야. 효율성이 떨어지기 때문이지. 언어는 되도록 경제적으로 쓰는 게 좋아. 앞서 살펴본 것처럼 일본어 투를 더 경제적인 우리말 표현으로 고쳐 쓸 수 있어. 예를 들어 업무로 메일을 보낼 때, '다름이 아니라~' 하며 문장을 시작하는 사람들이 많아. 그래야 더 정중한 느낌이 든다고 생각해서일까? 특별한 의미가 없는 군더더기일 뿐이야. 용건을 바로 말하면 되지. 이것도 일본식 표현이야.

뒷골목 권투 선수가 주인공으로 나오는 〈록키〉(1977)라는 영화가 있어. 주인공 록키는 체육관이 아니어도 늘 섀도복싱을 해. 마치 상대편이 앞에 있는 것처럼 허공에다 주먹을 휘두르지. 길에서든, 집에서든 상관없이 말이야. 어떻게 보면 약간 모자란 동네 형 같기도 해. 그만큼 권투에 열중해 있다는 증거야. 우리도 평소에 언제 어디서든 정확하고 자연스러운 표현을 써야 해. 말할 때도 마찬가지야. 그래야 글을 쓸 때 정확하고 자연스러운 표현을 자유자재로 부려 쓸 수 있거든.

문장에도 자연스러운 순서가 있어

영어에 'Pecking order'라는 표현이 있어. 닭들이 모이를 쪼아 먹는 순서를 가리키는 말이야. 닭 사이에는 명확한 서열이 있어서 만약 어떤 닭이 순서를 어기면 난리가 나지. 순서는 중요해. 문장에서도 마찬가지야. 어순은 단어가 배열된 순서야. 모든 단어는 자기의 위치가 있어. 그걸 지켜야 해.

물론 우리말은 영어보다 어순이 자유로워. 영어는 주어와 동사의 순서를 바꾸면 뜻이 달라져. "I am a boy"와 "Am I a boy?"는 의미가 전혀 달라. 우리말은 "나는 소년입니다"와 "소년입니다, 나는"이 같은 뜻이지. "나는 너를 사랑한다"와 "너를 나는 사랑한다"도 뜻이 같지. 이처럼 우리말 어순은 비교적 자유롭지만, 어떤 의미를 가장 잘 나타내는 자연스러운 어순이 있어. 그 어순을 찾아 단어를 이리저리 옮겨 보자. 자연스러운 어순이 정확한 의미를 드러내거든. 문장은 줄을 잘 세워야 단정하고 전달력도 좋아.

눈을 예쁘게 꾸미는 눈 화장은 눈에 하지 코에 하지 않아. 문장도 마찬가지야. 꾸미려는 말 바로 앞에 꾸밈말을 놓아야 해. 수식어와 수식받는 말을 떨어뜨려 놓으면 무엇을 꾸미는지 분명하지 않아. 예를 들어 "열심히 운동해서 멋진 몸을 만들어야지"라는 문장에서 '열심히'는 '운동하다'를 꾸미고 '멋진'은 '몸'을 꾸미지. 이렇게 동사(운동하다)나 형용사 등을 꾸미는 말을 부사어라고 해. 명사(몸)나 대명사 등을 꾸미는 말은 관형어라고 하지. 부사어와 관형어는 모두 수식어야. 이런 꾸밈말을 꾸미려는 말 가까이에 둬야 뜻이 분명하고 문장이 자연스러워.

'어려운 이번 모의고사의 언어 영역'이라고 하면, 어려운 건 모의고사일까, 언어 영역일까? 만약 '어려운 언어 영역'을 의도했다면 '어려운 이번 모의고사의 언어 영역'이라고 해선 안 돼. '어려운'과 '언어 영역'이 멀리 떨어져 있어서 엉뚱한 '모의고사'를 꾸미게 되거든. 보통 수식어는 바로 뒷말을 꾸민다고 여기기 때문이야. 수식어를 꾸미려는 말 바로 앞에 놓아야 오해를 막을 수 있어.

① 아빠는 딸이 **뒤늦게** 합격했다는 연락을 받았다. (○)

② 아빠는 딸이 합격했다는 연락을 **뒤늦게** 받았다. (○)

③ 아빠는 **뒤늦게** 딸이 합격했다는 연락을 받았다. (×)

부사어는 위치에 따라 꾸미는 범위가 달라. 문장 ①에서 '뒤늦게'는 '합격했다'를 꾸미지. 문장 ②에서는 '받았다'를 꾸미고. 부사어의 위치에 따라 의미가 크게 달라지지? 그런데 문장 ③은 중의성을 띠어. 중의성은 '한 단어나 문장이 두 가지 이상의 뜻으로 풀이될 수 있는 성질'을 뜻해. 즉 마지막 문장은 문장 ①처럼 읽히기도 하고, 문장 ②의 의미로도 읽히지.

15일 한국철도공사는 폭우로 유실됐던 철로를 복구하고 상·하행선 열차 운행을 재개했다. (×)

이 문장도 마찬가지야. '15일'이 무엇을 꾸미는지 불확실해서 세 가지 뜻으로 읽히지. 만약 철로가 유실된 날이 15일이면 '유실됐던' 앞에, 철로를 복구한 날이 15일이면 '복구하고' 앞에, 운행을 재개한 날이 15일이면 '재개했다' 앞에 '15일'을 둬야 해.

쉼표를 활용하자

다시 좋아하는 그 사람을 만날 수 있게 됐다.

좋아하는 그 사람을 다시 만날 수 있게 됐다.

다시, 좋아하는 그 사람을 만날 수 있게 됐다.

첫 번째 예문은 그 사람을 다시 좋아한다는 의미야. 그게 아니라면, 문장을 고쳐야 해. '다시'가 꾸미는 대상이 '좋아하는'이 아니라 '만날'이라면 '다시'를 '만날' 앞으로 옮겨야지. 두 번째 예문처럼 꾸밈말을 꾸미려는 말 앞에 두되, 그게 어려울 때는 쉼표를 활용하면 좋아. 마지막 예문에서 쉼표를 활용하니 두 번째 문장과 의미가 같아졌어.

러시아가 우려했던 대로 우크라이나를 침공했다. (×)

러시아가 우려했을까? 아니야. 그런데 이 문장은 그렇게 읽힐 수 있어. '우려했던 대로'처럼 긴 수식어(관형구(절)·부사구(절)) 때문에 수식 관계가 복잡할 때도 쉼표를 활용하거나 그 부분을 떼어 내 별개의 문장으로 만들면 좋아.

러시아가, 우려했던 대로 우크라이나를 침공했다. (○)

러시아가 우크라이나를 침공했다. 우려했던 대로다. (○)

이렇게 고치니까 의미가 분명하지? 다음처럼 고칠 수도 있어.

우려했던 대로 러시아가 우크라이나를 침공했다. (○)

사람들이 우려했던 대로 러시아가 우크라이나를 침공했다. (○)

러시아가 사람들이 우려했던 대로 우크라이나를 침공했다. (○)

정도나 상태, 모습 등을 나타내는 부사가 있어. 몹시, 빨리, 매우, 아주, 가장, 너무, 멀리, 천천히, 간단히, 기쁘게, 슬프게 등이지. 이 부사들은 특히 꾸미는 말 바로 앞에 놓는 게 좋

아. 반면 시간을 나타내는 부사인 지금, 벌써, 아직, 요즘, 먼저, 갑자기, 당분간, 어느덧 등은 위치 이동이 비교적 자유롭지. 주어나 목적어 앞에 놓기도 해. 만일, 가령, 설령, 아마, 하여튼 등 문장 전체를 꾸미는 부사는 대개 문장의 맨 앞에 놓이지.

직소 퍼즐의 모든 조각은 제자리가 있어. 조각마다 모양이 달라서 다른 자리에 꿰맞출 수 없지. 문장도 마찬가지야. 어떤 의미를 드러내기에 가장 적합한 어순이 있다고 생각해야 해. 이리저리 조합해 보면 어느 순간 마음속 뜻을 가장 잘 드러내는 어순을 찾게 돼. 좌르르 뿌려 놓은 직소 퍼즐의 마지막 한 조각이 들어맞을 때처럼 기쁘고 짜릿하지.

문장을 더 자연스럽게 고쳐 보기

아래 문장을 더 자연스럽게 고쳐 보자. 괄호 안의 내용이 힌트!

- 전 국민으로부터 보내진 구호품이 수재민에게 전달됐다. (피동)

- 고객 여러분, 즐거운 여행 되고 계십니까? (영어 투)

- 일본어 투를 공부함에 있어서 그 점이 매우 중요하다. (일본어 투)

- 꾸미는 단어는 최대한 꾸밈받는 단어와 가까이 둔다. (수식어)

- 전화로 치킨을 주문시켰다. (사동)

아래 문장에서 이중 피동 표현을 찾아 피동으로 고쳐 보자.

- 모여진 성금은 재난을 당한 사람에게 유용하게 쓰여질 것으로 보여진다.

정답은 278쪽으로!

쉬는 시간

'좋은 사람 소개시켜 줘'에서 틀린 표현이 뭘까?

1990년대에 나온 〈좋은 사람 있으면 소개시켜 줘〉라는 노래가 있어. '소개시켜 주다'는 평소에 우리가 잘 쓰는 표현이야. '-시키다'는 명사에 붙어 '(남이) ~하게 하다'라는 뜻을 나타내지. 흔히 사동 표현이라고 불러. 자기가 직접 행동하는 게 아니라 상대가 행동하게 하는 거야. 따라서 '-시키다'가 붙은 문장에는 주어 이외에 실제로 행위를 하는 다른 주체가 있어야 해. '소개시키다'라고 하면 '소개하게 하다'라는 뜻이므로 여기에는 어울리지 않아. '소개하다'는 모르는 사람끼리 알고 지내도록 관계를 맺어 준다는 뜻이야. 좋은 사람을 소개받고 싶은 사람은 말하는 사람이지. 굳이 '-시키다'를 붙일 이유가 없어. "좋은 사람 있으면 소개해 줘"라고 하면 돼.

'하다'면 충분할 자리에 '-시키다'를 쓸 때가 많아. 가령 "주차시키느라 힘들었다"라는 문장을 보자. 글자 그대로 해석하면 "(다른 사람에게) 주차하라고 시키느라 힘들었다"는 뜻이야. 본인이 어렵게 주차한 뒤에 이렇게 말했다면 잘못된 표현이지. 그럴 땐 "주차하느라 힘들었다"라고 말하면 돼. "잘못된 산행 습관은 근육통을 유발시킨다"는 어떨까? '유발하다'는 '어떤 것이 다른 일을 일어나게 하다'

라는 뜻이야. 이미 타동사라서 '-시키다'를 붙일 필요가 없어.

이처럼 잘못 쓰기 쉬운 단어를 알려 줄게. 금지시키다, 불식시키다, 주문시키다, 압축시키다, 연결시키다, 유출시키다, 전파시키다, 제외시키다, 차단시키다, 격추시키다, 접목시키다, 폐지시키다 등이야. 이들은 전부 '-시키다' 대신 '-하다'로 쓰면 돼. 가령 '물건을 취소시키다'는 '물건을 취소하다'로 쓰자. '환경을 개선시키다' 대신 '환경을 개선하다'로 쓰고, '회장을 구속시키다'는 '회장을 구속하다'로, '전투기를 격추시키다'는 '전투기를 격추하다'로 쓰면 돼. '계획을 구체화시키다'는 '계획을 구체화하다'라고 하면 되겠지?

'시키다'를 쓰면 무조건 안 된다는 뜻이 아니야. '(남이) ~하게 하다'는 뜻일 때는 쓸 수 있어. "**자녀를** 결혼시킬 나이가 됐다", "소 팔아서 **자식** 공부시키던 시절이 있었다" 같은 표현이 가능하겠지? 이 문장에서 결혼하고 공부하는 건 말하는 사람이 아니라 자녀와 자식이니까.

8장

구체적일수록 문장은 생생해져

유튜브에서 '플레이 리스트'라고 검색했을 때 나오는 음악 들어 봤니? 선생님은 그중 마음에 드는 리스트를 저장해 놓고 종종 들어. 플레이 리스트의 제목은 매우 자세하게 적혀 있지. "월요병을 치료하는 음악", "마음이 편안해지는 힐링 음악", "공부할 때 듣기 좋은 지브리 스튜디오 OST", "아무것도 하기 싫을 때 듣는 기타 연주곡"처럼 말이야. 왜 이렇게 구체적일까? 어떨 때 듣는 음악인지 자세히 알려 주면 필요한 사람들이 잘 찾을 수 있기 때문이야. 덕분에 유튜브에서 음악을 찾을 때, '책 읽을 때 듣기 좋은 연주곡'처럼 구체적으로 검색하면 원하는 음악을 쉽게 찾을 수 있지.

유튜브의 플레이 리스트 제목처럼 해상도가 높은 언어를 쓰자. 고해상도 언어가 뭐냐고? "그는 깊은 산골에 산다"는 저해상도 표현이야. "그는 깊은 산골에 산다. 국도를 벗어나 비포장도로를 20분이나 타고 들어갈 정도로 외진 곳이다"라고 해야 고해상도 문장이지. 고해상도 언어를 쓸수록 의미를 더욱 선명하게 전달할 수 있어.

'맛있다' 대신 '입안에서 살살 녹는 달콤함'처럼

사람들은 같은 말을 듣고도 다른 이미지를 떠올려. '아침밥' 하면 어떤 사람은 뜨끈한 국물에 밥을 생각하지만, 어떤 사람은 식빵에 계란 프라이나 잼을 생각해. 경험의 차이가 속뜻의 차이를 낳지. 아침에 먹는 밥이라는 아침밥의 의미가 달라지는 건 아니지만, 의미의 속살이 듣는 사람의 경험에 따라 달라지는 거야.

'내가 아는 건 독자도 잘 알 거야.' 글 쓰는 사람이 흔히 하는 착각이야. 독자는 글에서 다루는 현장에 없었어. 거기엔 오직 나만 있었을 뿐이야. 따라서 내가 본 것을 독자는 보지 못했고, 내가 느낀 것을 독자는 느끼지 못해. 이 점을 놓치면 막연한 표현을 쓰게 돼. 영화를 보고 '대박 재미있다'라고 하거나, 음식을 먹고 '존맛탱, 강추!'라고 썼다고 해 보자. 영화를 보지 않고 음식을 먹지 않은 독자가 영화의 재미와 음식의 맛을 온전히 느낄 수 있을까? 제대로 알기 어렵겠지?

그 음식을 직접 먹어 본 사람이야 "맛있다"라고만 적어도 먹었던 기억이 실감 나게 다시 떠올라. 그러나 "맛있다"를 읽는 사람은 별 공감 없이 그 글을 지나쳐 버리지. 그 음식을 먹어 보지 못한 독자는 아무런 맛도 느낄 수 없을 테니까. 멋있다, 예쁘다, 아름답다, 잘생겼다, 훌륭하다, 사랑스럽다, 슬프다, 기쁘다, 설레다, 화나다, 두렵다, 부끄럽다, 재미있다, 행복하다, 감동적이다 등도 비슷해. 그래서 글에는 독자가 글쓴이의 경험을 상상하고 공감할 수 있는 구체적인 표현이 필요해.

"맛있다" 대신에 "입안에서 살살 녹는 초콜릿의 달콤함", "향긋한 바닐라 향이 코를 자극하는 아이스크림"과 같이 써야 해. 이렇게 하면 독자는 그 맛을 상상하면서 글을 읽게 되지. 글을 쓸 때 독자가 경험하지 못한 것을 상상할 수 있도록 하는 것이 중요해. 그래야 독자는 글쓴이의 경험을 공감하고 이해할 수 있지.

독자 입장에서 생각해 보고 구체적으로 써야 해. 스티브 잡스는 2010년 1월 27일, 세상에 아이패드를 처음 공개하는 자리에서 실제 사용 사례를 들어 소개했어. 잡스는 "아이패드는 배터리가 오래갑니다"라고 막연하게 이야기하지 않았어. 대신 이렇게 설명했지. "한 번 충전으로 샌프란시스코에서 도쿄까지 가는 비행 내내 아이패드로 영화를 볼 수 있습니다." 소비자에게 구체적으로 와닿는 설명이야.

디테일이 없는 글은 시든 꽃 같아

'아름답다'는 단어를 읽으면 아름다움을 느낄 수 있을까? 단어 자체는 느낌을 그대로 전달하지 못해. '정겹다'는 표현은 그 자체로 정겨움을 전달하지 못하지. "그 마을은 정겹다"라고 쓰면 아무런 느낌이 없어. 마을의 정겨운 풍경을 자세히 묘사하고, 마을 사람들이 살아가는 모습을 구체적으로 보여줘서 읽는 사람이 '마을이 정말 정겹구나' 하고 느끼게 해야 해. 디테일이 없는 글은 시든 꽃과 같아. 색깔도 바래고 향기도 없어 아무 느낌을 주지 못하지.

디테일을 살릴수록 글이 살아나. 디테일이 살아 있는 표현은 글을 생생하고 풍부하게 만들어. 이런 표현을 구사하려면 어떻게 해야 할까? 구체적인 사물이나 현상을 나타내는 명사를 활용하는 것이 좋아. 되도록 보통명사보다는 고유명사를 활용하는 게 낫지. '강', '도시', '나라'처럼 같은 종류의 사물에 두루 쓰이는 명사가 보통명사야. 반면 '한강', '금강', '낙동강'처럼 강 중에서도 특정 지역의 강에 붙은 이름이 고유명사지. 고유명사는 내용을 좀 더 명확하게 전달하기에 독자의 체감도가 높아. 잘 알려진 고유명사를 사용하면 누구에게나 일단 점수를 따고 들어가지.

"그들은 우리를 위해 콩코드와 게티즈버그, 노르망디와

케샤에서 싸우고 죽었습니다."

2009년 오바마가 미국 대통령으로 취임하면서 한 말이야. 미국 역사에서 중요한 전투가 벌어졌던 지역의 이름이 나오지. 콩코드는 미국독립전쟁을, 게티즈버그는 남북전쟁을, 노르망디는 제2차세계대전을, 케샤는 베트남전쟁을 가리켜. 오바마 대통령은 전쟁의 이름을 언급하지 않고, 전장의 지명을 구체적으로 호명해 듣는 사람을 실제 현장으로 데려갔지. 물론 미국 역사를 잘 아는 미국인에게 해당하는 얘기겠지만.

유명한 팝송의 제목을 보면 고유명사가 왜 효과적인지 알 수 있어. 〈뉴욕 뉴욕〉, 〈호텔 캘리포니아〉, 〈캘리포니아 드림〉, 〈잉글리시맨 인 뉴욕〉 등 실제 지명이 들어간 노래가 많아. 가령 〈뉴욕 뉴욕〉은 뉴욕이라는 도시의 활기와 에너지가 느껴지지. 우리 가요도 다르지 않아. 최근 노래 중에는 〈여수 밤바다〉, 〈강남스타일〉, 〈제주도의 푸른 밤〉, 〈이태원 프리덤〉, 〈압구정 날라리〉 등이 그래. 옛 노래로는 〈광화문 연가〉, 〈돌아와요 부산항에〉, 〈목포의 눈물〉 등이 있지. 이런 곡은 장소가 주는 구체적인 느낌을 떠오르게 해. 그렇게 해서 노래를 듣는 사람을 구체적인 장소로 데려가지.

20자 '내외'는 정확히 몇 자일까?

약속 시간이 지났는데, 친구가 오지 않아. 전화로 "지금 어디야?" 하고 물었지. 친구는 "거의 다 왔어"라고 대답해. 그런데 한참 기다려도 오지 않아. 다시 전화를 걸었어. "지금 어디야?" "진짜 거의 다 왔어." "아까도 다 왔다며?" "진짜. 이번엔 진짜야." 문제가 뭘까? 친구가 거짓말쟁이일까?

문제는 "거의 다 왔다"라는 말에 있어. 이 말은 명확하지 않아. 어떤 사람에게는 도착 5분 전이 거의 다 온 것일 수 있지만, 다른 사람에게는 도착 30분 전이 거의 다 온 것일 수 있어. 정확히 언제 도착하는지 알려 줘야 확실하지. "거의 다 왔어. 5분 안에 도착해." 또는 "아직 택시 안인데, 곧 도착해. 저기 우리 만나기로 한 기차역 보인다." 이렇게 말하면 더 좋겠지?

서술형 시험문제에서 이런 표현 본 적 있니? "20자 내외로 쓰시오." 20자 내외는 정확히 몇 자일까? 30자는 앞자리가 바뀌니까 아닐 거야. 30자를 염두에 뒀다면 30자 내외로 했을 테지. 그럼 29자는? 11자는? '내외'를 보통 10% 정도로 보기도 하지만, 이건 어디까지나 '보통' 그렇다는 것일 뿐, 정해지진 않았어. 혼란을 막으려면 구체적인 범위를 알려 줘야 해. "20자(±5자)로 쓰시오." 그러면 글자 수의 범위는 '15자

~25자'가 되겠지?

어떤 학교의 학생 생활 규정에 이런 내용이 적혀 있어. "동아리 및 청소년 단체 구성원 대다수가 학생 생활 규정을 현저히 위반하여 학교에 물의를 야기한 경우에 해당 동아리를 해산할 수 있다." 어느 정도가 학생 생활 규정을 현저히 위반한 걸까? 막연하지? '학생 생활 규정에 포함된 벌점 기준표 30개 항목 중 15개 이상을 어긴다면'처럼 '현저히'의 내용을 자세하게 밝힐 필요가 있어. 다른 예문을 한번 볼까.

① 그 백화점에는 언제나 손님이 많다.

② 에스컬레이터를 줄 서서 타야 할 정도로 그 백화점에는 언제나 손님이 많다.

① 광장에는 다양한 사람이 모여 있었다.

② 광화문 광장에는 젊은이와 노인, 내국인과 외국인 등 다양한 사람이 모여 있었다.

상황이 머릿속에 구체적으로 떠오르는 건 어느 문장이야? 둘 다 ②번 예문이지? '많다'나 '다양하다'라고만 적으면 막연해. 얼마만큼 많은지, 어떻게 다양한지 보여 줘야 해. '키가 작다', '살이 많이 쪘다' 등도 마찬가지야. 얼마나 작은지, 얼마나 많이 쪘는지 쓸 필요가 있어. "나는 키 큰 사람이랑 사귄다"는 "나는 키가 185cm를 넘는 사람과 사귄다"로 적는 거야. "꽤 오랫동안 글쓰기를 가르쳤다"는 "18년간 글쓰기를 가르쳤다"로 적어야 어느 정도인지 알 수 있지. "엄청나게 큰 산불이 발생했다"는 "한반도 면적의 열 배도 넘는 숲이 한 달째 불타고 있다"처럼 구체적으로 써야 독자에게 내용이 잘 전달돼.

이름을 불러 준다면

눈이 많은 북극 지역에는 눈과 관련된 단어가 많아. 이누이트어, 핀란드어가 대표적이야. 이누이트어에서는 '떨어지는 눈', '떨어진 눈', '땅 위의 눈'을 각각 다른 단어로 부르지. 페루의 어떤 원주민들은 과거를 최근 한 달 이내, 50년 이내, 50년 이상 등 세 가지 기준으로 나눠서 각각 다른 표현을 써. 반드시 셋 중 하나를 골라 써야 하지. 이렇게 한 단어로 표현할 대상을 정할 때, 언어마다 대상을 나누는 방식과 기준이 달라. 어떤 언어가 더 우수하다고 말하긴 어렵지만, 글을 쓸 때는 말할 때보다 더 구체적인 표현을 찾아 쓸 필요가 있어. 다음의 두 문장을 비교해 보자.

이름 모를 꽃들이 흐드러지게 피어 있었다.

배롱나무에는 **분홍빛 꽃**들이 흐드러지게 피어 있었다.

소설가 박완서는 요즘 젊은 작가들이 꽃 이름을 잘 몰라서 '이름 모를 꽃'이라는 표현을 자주 쓴다고 지적했어. 꽃 이름을 불러 줘야 독자가 꽃을 떠올릴 수 있어. '이름'을 불러 줘야 해. '버스'라고 하지 말고 '140번 마을버스'라고 쓰자. '엄마 차'보다 '엄마가 새로 산 카키색 캐스퍼'처럼 차 색깔과 이름을 밝혀 주자. "꽃향기가 좋다"도 막연해. "멀리서 보랏빛 라일락이 달콤한 향기로 손짓한다"라고 쓰면 더 구체적이지? '이름'을 불러 줘야 독자 눈에 선명히 보여.

일본 소설가 무라카미 하루키 소설 《1Q84》에는 자동차가 여러 대 등장해. 단순히 승용차라 하지 않고, 사브900, 미쓰비시 파제로, 스즈키 알토, 재규어, 폭스바겐 골프, 알파로메오 같은 실제 차 이름을 부르지. 또 자동차의 특징도 자세히 묘사해.

사브900은 선팅한 차창이 꼭꼭 닫혀서 어떤 사람이 타고 있는지 밖에서는 볼 수 없다고 썼어. 가까이 다가가면 차체에 얼굴이 비칠 정도로 매우 깔끔하게 왁스칠이 돼 있다고 표현했지. "희뿌연 먼지를 뒤집어쓴 검은색 미쓰비시 파제로"라거나 "뒤 범퍼가 우그러진 네리마 번호판의 빨간 스즈키 알토" 같은 표현도 등장해.

질과 양, 시간, 수량, 정도를 나타내는 말 가운데 모호한 표현을 쓰지 않도록 하자. 옛날이야기는 하나같이 "옛날 옛적에"로 시작해. 글 쓸 때도 '옛날에는', '먼 옛날에는', '과거에는', '이전에는' 등 모호한 표현을 자주 써. '15~18세기에는', '선사시대에는', '1980년대에는', '2000년대 전에는'처럼 구체적으로 써야 좋아. '3시쯤'이 아니라 '3시 20분'으로, '40대 남성'이 아니라 '자영업자인 마흔네 살 김 모 씨'로 쓰려고 노력해 보자.

설명하는 대신 그림 그리듯 묘사하기

독후감 제목을 밋밋하게 붙이는 학생이 많아. '《데미안》을 읽고'처럼 책 제목만 적는 식이지. 체험 활동 보고서를 작성할 때 '~에 다녀와서'라고 제목을 지으면 독자가 보고서의 주제를 짐작하기 어려워. 제목이 제 역할을 하지 못한 거지. 앞에서 선생님이 "구체적으로 쓰자"고 했지? 제목도 마찬가지야. 감상문 제목은 책의 내용을, 보고서 제목은 글의 주제를 짐작할 수 있어야 해. 감상문 제목을 "알을 깨고 나와야만 새는 날 수 있다"라고 지으면 어때? 《데미안》이 성장을 다룬 책임을 짐작할 수 있겠지?

작가 김연수는 《소설가의 일》에서 30초 안에 소설 잘 쓰는 법을 알려 줘.

"30초 안에 소설을 잘 쓰는 법을 가르쳐 드리죠. 봄에 대해서 쓰고 싶다면, 이번 봄에 어떤 생각을 했는지 쓰지 말고, 무엇을 보고 듣고 맛보고 느꼈는지를 쓰세요. 사랑에 대해서 어떻게 생각하는지 쓰지 마시고, 연인과 함께 걸었던 길, 먹었던 음식, 봤던 영화에 대해서 아주 세세하게 쓰세요. 다시 한번 더 걷고 먹고 보는 것처럼."

이런 방식을 '보여 주기'라고 해. 원래 '보여 주기'는 소설의 기법 중 하나야. 작가가 등장인물의 성격이나 내면을 직접적으로 설명하지 않고 대화나 행동을 통해 간접적으로 제시하는 방법이지. '보여 주기'가 소설에만 쓰이는 건 아니야. 글을 구체적으로 쓰려면 '보여 주기'를 잘 활용해야 해.

'예쁘다', '힘들다'처럼 직접적으로 말하는 게 더 구체적이지 않냐고? 방송에서 음식 맛을 평가하는 장면을 떠올려 봐. '맛있다'라는 말은 직접적이지만 별 감흥을 주지 못해. 세상에는 온갖 맛이 있어. '맛있다'라는 단어는 그 모든 맛을 담고 있지. 전부를 담는다는 건 아무것도 구체적으로 담지 못한다는 뜻이야. 만약 싱싱한 멍게를 먹고 이렇게 쓰면 어떨까? "바다 내음이 입안에 휘몰아친다. 바다에 취한 혀가 춤을 춘다. 꼬들꼬들한 식감이 이를 감싼다." 구체적인 맛과 식감을 상상하게 하지 않니?

그날은 날씨가 참 좋았다.

그날은 하늘이 바다처럼 새파랬다. 산들바람도 불어 시원했다.

그 남자는 잘생겼다.

길 가던 사람들이 힐끗힐끗 쳐다볼 정도로, 그 남자는 잘생겼다.

구체적으로 쓰니까 읽으면서 머릿속에 생생한 모습이 떠오르지? "꽃이 예뻐"라고 말하면 예쁜 게 안 느껴져. 꽃잎의 색깔과 모양을 써야 해. "더워"라고 써 봤자 얼마나 더운지 전혀 알 수 없어. 비 오듯이 땀이 쏟아지고, 얼음물을 미친 듯이 들이켜는 모습을 글에서 보여 줘야 해. "몹시 힘들었어"라고 쓰면 아무것도 전달되지 않아. "40kg짜리 시멘트 포대를 어깨에 메고, 좁은 계단을 수도 없이 오르내렸다"라고 해야 해. "다리가 후들거리다 못해 경련이 일었다. 중력과 싸우느라 온몸이 기진맥진했다." 이렇게 써야 독자도 얼마나 힘든지 느낄 수 있지. '보여 주기'를 할 때 비유를 섞어도 좋아. 다음 예문 처럼 말이지.

비가 조금 왔다.

몇십 분 만에 땅이 마를 만큼 비가 조금 왔다.

개미가 목도 못 축일 만큼 비가 조금 왔다.

쓰는 사람이 설명하면 읽는 사람은 눈으로만 글을 읽어. 설명은 종종 추상적이며, 읽는 사람의 경험에 비추어 그 의미를 이해해야 하거든. 글쓴이가 '보여 주면' 어떻게 될까? 독자는 읽던 자리에서 벗어나 글 속으로 들어오지. '보여 주기'는 구체적인 장면이나 이미지를 제시해. 덕분에 독자는 상황을 더 잘 이해하고 상상할 수 있지. '설명하기'보다 '보여 주기'가 더 생생하고 구체적인 경험을 제공하는 거야. 독자는 필자가 보여 주는 세계를 상상하면서 자연스럽게 글에 빠져들지.

'보여 주기'의 핵심은 독자에게 판단할 기회를 주는 거야. 글쓴이가 모든 것을 판단하고 설명하면 안 돼. 가령 물잔에 물이 절반 차 있다고 하자. 글쓴이가 "물이 반이나 찼다"고 쓰면 독자도 물이 충분하다고 생각하겠지? 반면 "반밖에 차지 않았다" 하면 물이 부족하다고 생각할 거야. 글쓴이의 판단이 그대로 독자의 판단이 되는 거지. 두 가지 모두 글쓴이가 의도해서 일부러 쓴 게 아니라면, "물이 절반 찼다"라고 쓰면 충분해. 그래야 독자가 생각하며 읽는 재미를 느끼지.

감정을 어떻게 '보여' 줄까?

특히 감정을 제시할 땐 '설명하기'보다 '보여 주기'가 훨씬 효과적이야. 감정을 어떻게 보여 줄까? 어떤 상황에 처했는지 알려 주면 돼. 글을 잘 쓰려면 슬픔을 그저 '슬프다'라고 말해서는 안 돼. 독자와 슬픔을 함께 나누려면 상황을 아주 자세히 보여 줄 필요가 있지. 장면을 구체적이고 생동감 넘치게 그려야 독자의 상상과 공감을 끌어낼 수 있어. 독자는 상황을 상상하면서 글쓴이가 의도한 감정을 느끼게 되지.

노벨문학상을 받은 시인 T. S. 엘리엇은 시를 공부하는 대학생들에게 "외롭다"라고 쓰지 말고 "텅 빈 현관에 뒹구는 낙엽 한 장" 같이 구체적으로 묘사하라고 조언했어. '외롭다'라는 표현만으로는 독자가 글쓴이의 외로움에 공감하기 어려워. 감정은 눈에 보이지 않으니까 외로움을 눈에 보이는 낙엽으로 바꿔 표현하면 독자에게 그 감정이 전달되지.

① 친구를 오랜만에 만나 반가웠다.

② 연락이 끊겼던 중학교 절친을 15년 만에 만났다. 와인을 마시며 시간 가는 줄 모르고 밤새 이야기를 나눴다.

문장 ①에 적은 '반가움'을 표현하기 위해 문장 ②처럼 상황을 보여 줬어. 훨씬 구체적이지? 감정을 보여 줘야 독자가 상상해. 걱정하다, 화나다, 즐겁다, 슬프다, 기분이 언짢다, 무기력하다 등은 감정을 설명하는 표현이야. 감정을 보여 주려면 어떻게 써야 할까?

걱정하다. → 새벽까지 잠을 이루지 못했다.

화나다. → 씩씩거리며 문을 세게 닫았다.

즐겁다. → 선생님이 무슨 좋은 일이 있느냐고 물었다.

슬프다. → 죽은 반려견 생각에 밥이 넘어가지 않았다.

기분이 언짢다. → 친구에게 먼저 인사했는데, 친구가 본척만척했다.

무기력하다. → 우울한 음악을 들으며 침대에 누워 있기만 했다.

이렇게 표현하면 독자가 상황을 상상할 수 있지. 감정을 보여 줘야 독자의 공감을 얻을 수 있어. 또 그런 글이 더 매력적이야. "나는 부끄러움을 많이 탄다"라는 문장을 한번 고쳐 볼게. "나는 새로운 사람을 만나면 얼굴이 두 번 빨개진다. 처음 '안녕하세요'라고 인사하며 얼굴이 빨개지고, 상대방이 '안녕하세요'라고 대답하면 다시 '안녕하세요'라고 하며 얼굴이 빨개진다." 같은 감정이지만 고친 글에 더 눈길이 가지? 만약 두 문장을 쓴 사람이 다르다면, 후자의 글쓴이를 더 만나고 싶지 않을까? 구체적이라서 머릿속에 인사하는 장면이 그려지기도 하고, 그런 자세로 남을 대하는 사람이 어떤 사람일까 궁금하기도 하지. 정말 얼굴이 자주 빨개지는지 확인하고 싶기도 하고.

물론 모든 문장을 이렇게 써야 하는 건 아니야. 대체로 설명문이나 논설문 등에는 '설명하기'가 어울려. 그래야 정보 전달 속도가 빠르지. 독자의 이해를 목적으로 할 때는 '설명하기'가 적합해. '보여 주기'는 독자의 상상력을 자극하는 소설이나 이야기 등에 어울려. 독자의 공감을 얻으려고 한다면 '설명하기'보다 '보여 주기'가 효과적이야. 다만 설명하는 글에서도 감정을 드러내거나 독자에게 깊은 울림을 던지고 싶을 때는 '보여 주기'를 적절히 활용할 수 있어.

독자를 설득할 무기, 팩트

학생들 글을 첨삭할 때 자주 하는 말이 "구체적으로 쓰자"야. 표현의 구체성을 지적하기도 하지만 대개는 내용의 구체성을 지적하지. 가령 독후 감상문은 말 그대로 감상을 주로 써야 해. 줄거리만 요약하면 독후감이 아니라 요약문이지. 감상感想, 즉 느낌과 생각을 적어야 해. 느낌만 나열하지 말고 왜 그렇게 느끼고 생각했는지 이유를 써야지. '굉장히 감명 깊었다'라고만 쓰지 말고, 어떤 부분에서 그렇게 느꼈는지 밝혀야 해.

독자를 설득할 무기는 주장이 아니라 팩트야. 즉, 구체적인 사실이지. "좋은 제품으로 소문이 자자한 훌륭한 중소기업이다"라고 하면 독자가 '훌륭한' 기업이라고 생각할까? 설명이 부족하지. "지난 1년 동안, 이 중소기업의 매출액이 3배 이상 뛰었다. 제품 재구매율이 97%에 달한다." 이렇게 구체적으로 써야 중소기업의 훌륭함을 간접적으로 증명할 수 있어. 강한 주장이 독자를 설득하는 게 아니야. 팩트가 독자를 설득하지.

주장을 뒷받침하는 팩트는 그 종류가 다양해. 지식, 경험, 사례, 수치, 데이터 등이 있지. 이런 팩트가 얼마나 중요한지 사례로 살펴볼까? '백의白衣의 천사', 간호학의 창시자로 불리는 나이팅게일에게 붙은 별명이야. 그는 사실 간호사 그 이상이었어. 당시 간호사는 별 인정을 못 받는 직업이었지만 나이팅게일은 간호 통계 분야에서 독보적인 활약을 펼쳤지. 데이터를 활용해 위생 관리의 중요성을 증명해 냈거든.

"전투에서 직접 사망한 군인 숫자보다 감염 등 열악한 의료 환경으로 사망한 군인 숫자가 더 많습니다."

크림전쟁(1853~1856) 때 그녀는 야전병원에 있었어. 병원의 위생 관리가 무엇보다 중요하다는 자기주장을 뒷받침하기 위해 시각 자료를 만들어 관료들을 설득했지. 일명 '나이팅게일 인포그래픽'이야. 나이팅게일의 보고서 덕분에 전장의 의료 환경은 나아졌어. 부상당한 군인의 사망률은 40%에서 2%로 떨어졌지. 자, 주장을 뒷받침할 때 팩트가 얼마나 중요한지 알겠지?

"회사 수익이 줄었다"라는 문장은 막연하고 포괄적이야. "비용이 늘면서 회사 수익이 줄었다"는 앞의 문장보다 조금 낫지만, 여전히 막연해. "비용이 10% 늘면서 회사 수익이 5% 줄었다"라고 쓰면 구체적인 문장이 돼. "전체 비용이 10% 늘면서 회사 수익이 5% 줄었다. 특히 크게 늘어난 원자재 비용이 주요 원인이었다. 우크라이나 전쟁과 기후 위기로 전 세계 곡물 가격이 요동치면서 원자재 가격도 덩달아 상승했기 때문이다." 어때? 훨씬 구체적인 문장이 됐지?

구체적인 것과 TMI는 달라

초상화 그리기를 처음 배우는 사람들은 공통점이 있어. 선 하나하나를 실물과 똑같이 그리려고 한다는 점이야. 그들은 얼굴 윤곽부터 그린 다음에 눈, 코, 입 등을 그리지. 그러나 초상화 전문가들은 안에서 밖으로 그려 나가. 얼굴의 윤곽보다 더 중요한 것은 눈, 코, 입, 귀, 턱의 크기와 위치야. 타인의 얼굴을 구별할 때, 이목구비의 크기와 위치를 이용하거든. 이목구비의 크기와 위치, 특징만 잘 잡아내도 초상화는 실제 얼굴과 비슷해지지.

글쓰기도 마찬가지야. 선 하나하나를 실물과 똑같이 그리듯이 쓸 필요는 없어. 구체적으로 쓰되 중요한 걸 담아야지. 구체적으로 쓴다고 해서 모든 걸 다 쓴다는 뜻은 아니야. 일기를 생각해 보면 이해하기 쉬워. 일기에 그날 벌어진 일을 전부 적진 않잖아? 일기뿐만 아니라 모든 글이 선택과 집중의 결과야. 신문 기사나 사료史料조차도 그래. 사건과 사실을 있는 그대로 다 드러내는 기사나 사료는 없어. 중요한 일만 추려서 기록하지. 중요한 내용이라도 세부적인 것을 다 쓰지는 않아. 그렇다면 뭐가 중요한 걸까? 앞에서 살펴봤듯이 주장과 의견을 뒷받침하는 근거나 이유, 그와 관련된 사례 등이겠지.

대신 TMI는 금물이야. TMI는 Too Much Information너무 과한 정보을 줄인 신조어지? 분식집에 가서 음식을 주문한다고 해 보자. 김밥을 주문하면서 "김에 밥, 단무지, 계란, 햄, 시금치, 당근을 넣어 돌돌 만 음식 한 줄 주세요!"라고 한다면? 또는 "떡, 어묵, 대파를 고추장에 볶은 음식 1인분이요" 하고 떡볶이를 주문하면? 이렇게 음식에 담긴 재료를 모두 열거해서 말하면 구체적일까? 시간을 들여 재료를 모두 말한다 해도 빠지는 게 있어. 음식의 맛이나 향, 조리 과정 등이야. 결국 다 담을 수는 없어. 중요한 것만 담아야지. 김밥에서는 김과 밥이 중요해. 그래서 '김밥'이라 부르는 거야.

글도 마찬가지야. 모든 걸 다 표현할 순 없어. 표현할 필요도 없고. 당연히 선택과 집중이 필요하지. 가령 자기소개서에서 자기가 태어난 곳이나 부모님 직업을 자세히 적는 것은 불필요해. 그것이 나에게 미친 영향이 클 때는 세세히 적어도 되지만, 그렇지 않을 때는 군더더기일 뿐이야. 아래 내용을 읽어볼래? 어떤 사람이 친구에게 전화로 길을 안내하고 있어.

"음식 문화의 거리 입구에서 200미터쯤 오면 사거리 나오잖아. 거기서 좌회전해서 100미터쯤 와. 그러면 또 사거리 나올 거야. 거기서 다시 좌회전해서 20미터쯤 오면, 꼬꼬치킨이라고 있어. 그 건물 5층으로 올라오면 돼."

옆에서 한참 듣고 있던 다른 친구가 답답해서 전화기를 뺏어 들고 이렇게 말해. "야, 전에 우리가 같이 갔던 태영 당구장 바로 옆 건물 5층으로 와." 때로는 긴 설명보다 짧은 설명이 더 효과적일 때도 있겠지?

'여행의 쓸모'라는 주제로 글을 쓴다고 해 보자. 휴식과 재미를 즐기는 '관광'을 넘어 세상을 보는 관점을 배우는 '여행'에 대해 알려 주는 글이야. "여행 가서 사진만 찍지 말고, 마음으로 풍경을 느끼자. 현지인을 만나서 다양한 문화를 체험하라." 이런 내용을 구구절절 쓴다면 재미없지 않을까? "여행을 뒤통수로만 하지 마라"라고 하면 어떨까? 멋진 풍경을 배경으로 사진만 찍다가는 뒤통수만 호강한다는 뜻이야. 긴 설명보다 짧은 문구 하나의 의미가 더 선명하게 다가오지 않니? 이렇듯 구체적이라고 해서 무조건 길게 설명하는 건 아니야. TMI와는 다르다는 것! 꼭 기억하자.

막연한 내용을 구체적으로 고쳐 보기

아래 문장에서 막연한 내용을 찾아 구체적으로 고쳐 보자.
정해진 답은 없으니까 상상력을 발휘해 자유롭게 쓰자.

- 나는 영화를 좋아해.

- 도토리나무에는 여러 종류가 있다.

- 그 학생은 의대에 가려고 상당히 오랫동안 공부했다.

- 그 식당에는 언제나 손님이 많다.

- 그는 키가 무척 크다.

아래 문장은 두 가지 뜻으로 해석될 수 있어.
각각의 뜻으로 두 문장을 완성해 보자.

- 사냥개가 피투성이가 된 채 도망가는 노루를 쫓고 있다.

정답은 279쪽으로!

쉬는 시간

이렇게도 저렇게도 해석되는 표현이 있다면?

나는 슬기와 민기를 만났다. (×)

누가 누구를 만난 걸까? 내가 슬기·민기 두 사람을 만난 걸까, 아니면 나와 슬기가 민기를 만난 걸까? 이처럼 두 가지 이상으로 해석되는 표현을 중의적 표현이라고 해. 내가 두 사람을 만났다면 "나는 슬기와 민기, 두 사람을 만났다"라고 쓰면 돼. 나와 슬기가 민기를 만났다면 "나는 슬기와 함께 민기를 만났다"라고 하면 되지.

중의적 의미가 있는 문장을 고치려면 어떻게 해야 할까? 선생님이 꿀팁을 알려 줄게. 중의적 표현을 해소하는 네 가지 방법! 조사 사용, 쉼표 활용, 어순 바꿈, 상황 제시. 하나하나 살펴보자.

먼저 '조사 사용'. "초청한 사람들이 다 오지 않았다." 여기서 "다 오지 않았다"는 무슨 뜻일까? 전부 오지 않았다는 뜻일까? 일부가 오지 않았다는 뜻일까? 일부만 왔을 때는 '다'에 조사 '는'을 붙여 봐. "초청한 사람들이 다는 오지 않았다." 어때? 조사 하나만으로 뜻이 분명해지지? 모두 오지 않았을 때는 '전부 다'로 쓰면 돼.

두 번째로 '쉼표 활용'. 이 예시 문장은 좀 집중해서 봐야 해.

영국 노동당은 여성 후보를 50% 공천한 1997년 당시 여당인 보수당**에 압승했다.**

영국 노동당은 여성 후보를 50% 공천한 1997년 **당시 여당인 보수당에 압승했다.**

두 문장이 똑같은데 두 가지 의미로 읽히지? 여성 후보를 50% 공천한 게 보수당일까, 노동당일까? 초록색 부분을 묶어 읽어 보면 위 문장은 보수당, 아래 문장은 노동당이야. 여성 후보를 50% 공천한 게 만약 노동당이라면 쉼표를 활용해 이렇게 써야 해.

"영국 노동당은 여성 후보를 50% 공천한 1997년, 당시 여당인 보수당에 압승했다."

세 번째로는 '어순 바꿈'. "영국 노동당은 1997년 여성 후보를 50% 공천해 당시 여당인 보수당에 압승했다"라고 하면 되겠지?

마지막은 '상황 제시'야. 의미를 한정하는 상황을 제시하는 거지. "저 배를 보아라"에서 '배'가 교통수단인지 신체 일부인지 알 수 없지? 중의적 표현이야. "물 위에 떠가는 저 배를 보아라"처럼 배 앞에 의미를 한정해 주면 뜻이 분명해져.

방과 후
수업

'문장 다듬기'까지 하면 내가 글쓰기 고수
: 퇴고

"모든 초고는 쓰레기다." 작가 헤밍웨이는 이렇게 말했어. 이게 무슨 뚱딴지같은 소리인가 하는 친구들도 있을 거야. 헤밍웨이는 그만큼 초고 다음 과정, 바로 퇴고를 강조했지.

열심히 글을 쓸 땐 내용을 더하며 앞만 보고 가느라 바쁘지. 그러나 퇴고할 때 내 글을 독자의 시각에서 객관적으로 보며 고쳐야 해. 써 둔 글이 아까워도 냉정하게 군더더기를 덜어야 하지. 이 과정에서 문장이 짧고 바른지, 글이 쉽고 간결한지, 흐름이 자연스럽고 매끄러운지 살펴야 하고. 퇴고를 거듭할수록 글쓰기 실력이 쑥쑥 자랄 거야.

자, 이제 본수업은 다 끝났어. 그렇다고 아직 가방을 싸기는 일러. 방과 후 수업이 남았거든. 방과 후 수업에서는 글을 쓰고 나서 꼭 거쳐야 하는 과정을 살펴볼 거야. 바로 '퇴고'이지. 퇴고는 글을 고치고 다듬는 일이야. 글을 쓰는 것만큼 중요한 과정이지.

독자가 몇 분 만에 읽을 수 있는 짧은 글을 떠올려 보자. 독자가 몇 분 만에 읽는다고 해서 글쓴이도 몇 분 만에 쓸 수 있을까? 제대로 쓰려면 훨씬 더 오랜 시간이 걸릴 거야. 가령 올림픽 육상 100m 경기에서 9초대를 달리는 선수가 있어. 그 선수는 전날에 9초만 연습했을까? 수년간 하루도 빠짐없이 몇 시간씩 연습했을 테지.

글을 쓰는 데는 긴 시간이 걸려. 그런데 글을 다듬는 데는 그보다 시간을 더 들여야 해. 어떤 이는 만약 글쓰기에 한 시간을 썼다면 퇴고에도 한 시간을 써야 한다고 말하지. 글쓰기에 한 시간을 썼다면 퇴고에 두 시간 이상을 써야 한다고 이야기하는 사람도 있어. 퇴고가 그만큼 중요하다는 뜻이야. 《심리학의 원리》를 비롯해 많은 책을 남긴 심리학자 윌리엄 제임스는 자신의 글에 어떤 가치가 있다면, 그것은 "끝없이 고쳐 쓴 노력의 결과"라고 스스로 평가했어.

글쓰기 실력을 키우는 최고의 방법은?

독서와 메모는 글의 재료가 돼. 글을 잘 쓰려면 책을 많이 읽고 메모도 부지런히 해야 하지. 그러나 글을 많이 써 보는 것이 무엇보다 중요해. 글을 잘 쓰기 위해서 100권의 책을 읽는 것도 좋지만, 열 편의 글을 완성하는 일이 더 중요하지. 말하는 능력과 마찬가지로 글 쓰는 능력도 꾸준히 연습하면 더 나아져. 어니스트 헤밍웨이는 "글을 잘 쓰려면 참을 수 없을 만큼 어려운 노력이 필요하다"라고 했어.

글쓰기를 연습할 때 주의할 점은 그저 많이만 써서는 안 된다는 거야. 초고만 많이 쓴다고 해서 문장력이 좋아지지는 않아. 깊고 치열하게 쓸 필요가 있어. 자기 문장을 자세히 살피고 꼼꼼히 고치는 과정에서 글쓰기 실력이 점점 더 좋아지지. 문장 고치기는 글쓰기 실력을 키우는 최고의 훈련이야.

결국 "많이 쓰라"는 말은 "많이 고치라"는 의미로 해석할 수 있어. 글을 잘 쓰는 사람은 퇴고를 잘하는 사람이라는 말도 있지.

세상에 처음부터 잘 쓴 글은 없어. 다만 잘 고친 글이 있을 뿐이야. "모든 글의 초고는 쓰레기다." 헤밍웨이가 한 말이야. 그가 《무기여 잘 있거라》 마지막 페이지를 서른아홉 번 고쳐 썼다고 앞에서 얘기했지? 러시아 작가 톨스토이도 《안나 카레니나》를 하도 많이 고쳐서 초고를 알아볼 수 없을 정도였대. 독일 작가 괴테는 《파우스트》를 60년에 걸쳐 완성했어. 60년 동안 무수한 수정과 편집을 거쳤지. 작가의 일 가운데 절반 이상이 글 고치는 일이라면, 작가는 글 쓰는 사람보다 글 고치는 사람에 가깝지.

땀띠, 여드름, 피부 트러블은 자꾸 손을 대면 더욱 나빠져. 반면에 글은 매만질수록 좋아지지('매만지다'는 '잘 가다듬어 손질하다'라는 뜻이야). 이게 글이 가진 특징이야. 그림만 해도 자꾸 손을 대면 망가지기 쉬워(컴퓨터로 작업한다면 수정할수록 그림이 좋아지기도 해). 도화지에 그리는 그림 말이야. 수채화를 그릴 때 물감을 계속 덧바르면 처음 색보다 탁하고 어두워지지. 수채화는 한 번 잘못 칠하면 수정이 힘들어. 그러나 글은 계속 고칠 수 있지. 그림에는 바른 붓질이 따로 없지만, 글에는 바른 문장이 있는 탓이야. 그림을 그릴 때 규정에 맞는 붓질은 따로 없어. 작가가 자신만의 스타일과 기법으로 그리면 되지. 반면에 글쓰기는 바른 문장이 정해져 있어. 문법에 맞고 문장의 구조와 어순이 정확한 문장이 바른 문장이야.

글쓰기에서 퇴고는 선택이 아니라 필수야. 퇴고하는 습관을 들이지 않으면 아무리 글을 많이 써도 잘 쓰기 어려워. 처음부터 완벽한 글을 쓰는 사람은 없어. 누구나 조금씩 나아지는 거야. 어떻게 해야 나아질 수 있을까? 자기 글을 돌아보고 고치면서 발전하는 거야. 발전하려면 문제를 고쳐야 하고, 문제를 고치려면 문제부터 파악해야겠지? 퇴고의 첫걸음이 바로 문제 파악이야. 퇴고는 지금 쓰는 글을 더 낫게 만들고, 앞으로 더 나은 글을 쓰게 만들지.

초고에서 절반만 남기자

글쓰기 능력은 타고나는 게 아니야. 꾸준히 쓰다 보면 실력이 자라지. 핵심은 '고치기'라고 했어. 그 과정을 치열하게 통과해야 글쓰기 실력이 나날이 다달이 발전한다고 말이야. 문장을 고쳐 쓸 때는 초고에 들인 정성과 노력의 두 배 이상을 기울여야 해. 명작은 뚝딱 나오는 게 아니지. 수없이 고쳐 쓰면서 만들어져. 글은 매만지는 만큼 좋아지니까.

초고를 쓰다 보면 필요 이상으로 많은 내용을 쓸 때가 있어. 글을 더 잘 쓰고 싶은 마음이 앞서서 그래. 마음이 앞서면 글은 오히려 나빠져. 지나치게 늘어놓은 내용은 글의 밀도를 뚝 떨어뜨리지. 작가 스티븐 킹은 《유혹하는 글쓰기》에서 '수정본 = 초고 - 10%'라고 했어. 원고를 수정하면서 초고의 10%를 빼야 한다는 뜻이야. 스티븐 킹 같은 글쓰기 대가야 10%만 덜어 내도 좋은 글이 될지 모르겠지만, 우리는 최종본에 초고의 50% 정도만 남을 거라 생각하며 글을 써야 해.

다 써 놨는데 지우려면 아깝지. 고생해서 쓴 글이라면 더욱 그래. 이를 뺄 때처럼 아플 거야. 그래도 충치는 치료해야 해. 아프다고, 또 아깝다고 놔두면 멀쩡한 주변 이까지 썩거든. 글에서도 잘못된 부분은 고치고 불필요한 부분을 지워야 해. 그냥 두면 글 전체가 망가지지. 긴 문장은 끊어 보고, 짧은 문장은 합쳐 보자. 주어와 서술어의 순서를 바꿔 보고, 앞 문장에 이미 나온 주어는 삭제하자. 부사의 위치도 꼼꼼히 따져 보고, 특별한 의미가 없을 땐 과감히 생략하자. 그렇게 계속 줄이다 보면 어느새 초고의 절반이 남을 거야.

글이 간결하고 긴밀해야 힘이 생겨. 글쓰기를 어렵게 느끼는 이유는 버리지는 않고, 더하려고만 하기 때문이야. 물건을 버리지 못하고 방 안에 산더미처럼 쌓아 두는 집이 있어. 그런 집은 물건도 방도 제 역할을 못하겠지. 글쓰기도 마찬가지야. 군더더기와 찌꺼기를 과감히 버릴 필요가 있어. 나물을 다듬지 않고 요리하면 어떻게 될까? 제대로 된 나물 무침을 만들 수 없어. 쓴맛이 나거든. 상한 부분, 물러진 부분을 떼어 내야 해. 그래야 신선하고 향긋한 나물 무침을 맛볼 수 있어. 나물을 다듬듯이 문장을 다듬자.

숲도 보고 나무도 보기

문장을 어떻게 다듬을까? 무엇보다 불필요한 반복을 찾아야 해. 누구나 자주 반복하는 단어나 표현이 있어. 당연히 선생님도 있지. 예전에 선생님은 '그런데'를 자주 반복했어. 한동안 퇴고할 때 글에서 '그런데'를 찾아 지우느라 바빴지. 이 책에는 '그런데'가 별로 없을 거야. 더 이전에는 '~ㄹ 수 있다'를 많이 썼어. 그 습관도 신경 써서 고쳤지. 이처럼 글을 쓸 때 자기도 모르게 되풀이하는 언어 습관이 있어. 그걸 알아야 습관을 고칠 가능성이 열리지. 원고를 다시 볼 때는 반복을 찾는 데 집중하자.

손목 아프게 설거지했어도 접시에 작은 고춧가루라도 하

나 붙어 있다면 말짱 도루묵이야. 문 뒤에 숨은 먼지 뭉치가 그대로 있다면 방을 제대로 청소한 게 아니지. 문장을 다듬을 땐 망원경과 현미경이 동시에 필요해. 숲과 잎을 모두 봐야 하거든. 현미경으로 숲을 볼 수 없고, 망원경으로는 나뭇잎의 미세한 구멍기공을 볼 수 없어. 둘 다 있어야 숲과 잎을 빠짐 없이 관찰할 수 있지. 부분마다 세밀히 살피되 전체를 볼 수 있어야 해.

퇴고의 두 가지 원칙

글쓰기는 더하기일까, 빼기일까? 정답은 둘 다야. 초고를 쓸 때는 내용을 계속 붙여 나가지. 그러다 퇴고할 때는 내용을 덜어 내. 그러니까 퇴고의 핵심은 빼기에 있어. 글쓰기가 더하기인 동시에 빼기인 까닭이야. 더할 건 더하고 뺄 건 빼자. 더하는 건 쉬워도 빼는 건 어렵다고? 뺄 때는 단호해야 해. 불필요한 내용을 망설임 없이 지워야지. 퇴고할 때 열정보다 냉정이 필요한 까닭이야.

다 썼다면 이제부터 지우자. 없어도 되는 건 과감히 없애자. 퇴고 원칙은 크게 두 가지야. 첫째는 앞에서 말한 '중복 금지'. 한 편의 글에 같은 단어나 문장을 되도록 되풀이하지 말자. 뜻을 강조하려고 의도적으로 반복한 게 아니면 중복은 피해. 둘째는 '간결성'. 초고를 써 놓고 이렇게 생각해야 해. '지금 글을 적어도 반 이상은 줄일 수 있다.' 그렇게 생각한 뒤에 실제로 줄여 봐. 절반까지는 아니더라도 꽤 많은 양이 줄어들 거야. 줄이다 보면 불필요한 내용이 빠지고, 문장이 간결해지거든.

표현·내용·구조 모두 꼼꼼히

내용을 다듬을 때는 근거가 충분한지, 너무 강한 주장은 아닌지 집중해서 살펴야 해. 너무 강한 주장은 바꾸는 게 좋지. 스포츠 심사 위원단은 최고점과 최저점을 제외하고 나머지 점수로 평균을 내. 이 방식처럼, 거친 생각과 빈약한 논리는 지워 버려야 해. 확신이 있으면 강하게 주장하겠지만, 근거로 충분히 뒷받침하기 어렵다면 그런 주장은 다듬을 필요가 있지.

선생님은 이 책에서 번역 투의 문제점을 다뤘어. 되도록 번역 투를 피하자고 했지. 하지만 번역 투 문장을 전부 없애자고 주장하진 않았어. 언어는 고정돼 있지 않고 변한다고 생각하기 때문이야. 이를테면 '나무'가 고려 시대에는 '남기'로 불렸어. 조선 시대에는 '나모'로 불렸고. 이렇게 변화하는 언어를 두고 일방적으로 주장하는 건 설득력이 없지. 번역 투는 우리말이 아니라고 단정할 순 없거든. 오래 쓰이다 보면 자연스레 우리말이 될 수도 있고 말이야. 그래서 선생님은 "번역 투 문장은 비경제적일 때가 많다, 의미 전달력이 떨어지는 번역 투 문장은 바꾸자"라고 주장한 거야. "번역 투 문장을 무조건 다 없애야 한다"처럼 강한 주장은 글의 설득력을 떨어뜨리지.

표현과 내용뿐 아니라 구조도 꼼꼼히 살펴야 해. 초고를 쓸 때는 쓰는 내용에 집중하느라 전체 구조를 깊이 고민하기 힘들어. 퇴고할 때 표현과 내용만 살피지 말고, 전체 구조를 파악하며 읽어 봐야 해. 글 구조의 기본 단위는 문단이야. 문장 배치, 문단 연결 등 흐름이 자연스럽지 않다면 과감하게 바꿀 필요가 있어. 어떤 단락이든 바꿀 수 있지. 때로는 글의 시작과 끝을 바꾸는 게 나을 때도 있어. 여러 번 문단 순서를 바꾸면서 가장 자연스럽고 논리적인 흐름을 찾아야 해.

부분을 고치는 것도 중요하지만, 전체를 보는 눈, 멀리 보는 눈이 필요해. 운동장에 100m 달리기 선을 그리는데 발끝만 보고 긋다 보면 결국 선이 삐뚤게 그어져. 반듯하게 그으려면 먼 곳을 바라보고 걸어가야 해. 먼 곳을 바라볼수록 자기 발밑이 반듯해지지. 헤밍웨이가 "모든 초고는 쓰레기다"라고 했지? 어쩌면 우리의 초고가 헤밍웨이의 그것보다 더 나을지도 몰라. 결국 우리와 헤밍웨이를 가르는 것은 퇴고가 아닐까?

'악마의 대변인'을 옆에 두자

교실에서 선생님이 수업하는데, 어떤 학생이 수업 내용을 이해하지 못하고 엉뚱한 질문을 했어. 그때 선생님이 "왜 이해하지 못하니?"라고 묻는 대신 "내 설명이 충분하지 않았나 보구나. 다시 설명해 줄게"라고 말했어. 이 모습, 참 바람직하지? 이렇게 해야 학생은 자신을 자책하지 않고 수업에 집중할 수 있어. 글을 쓸 때도 친절한 선생님 같은 태도가 필요하지. '독자가 수준이 낮다', '독자가 내 글을 이해하지 못한다' 같은 생각은 버려야 해. 글쓴이는 자기 글이 문제라고 생각하는 게 좋아. 그래야 더 좋은 글을 쓰려고 고민하거든.

글을 잘 쓰려면 '필자의 눈'과 '독자의 눈'을 모두 갖춰야 해. 필자의 눈은 '쓰는 눈'이고, 독자의 눈은 '읽는 눈'이야. 글을 쓰는 순간에는 주제를 생각하고, 결론을 향해 가느라 앞만 보고 쓰기 바쁘지. 필자의 눈이 작동하는 순간이야. 그런데 앞만 보고 쓰면 잘 쓰기 어려워. 끊임없이 앞뒤를 살피며 문장을 점검해야 해. 쉽고 정확하고 논리적인지를 끊임없이 확인하는 거야. 이때 독자의 눈이 작동해. 독자의 눈은 다 쓰고 난 뒤, 글을 다듬을 때도 빛을 발하지. 글을 다듬을 땐 '필자의 눈'에서 '독자의 눈'으로 전환해야 해.

특히 퇴고할 때는 내 글을 남의 글 보듯 읽어야 해. "남의 눈의 티끌만 보고, 제 눈의 들보는 보지 못한다"라는 속담이 있어. 퇴고할 때 이 속담만큼 잘 들어맞는 말도 없을 거야. 글쓴이는 자기가 잘 알고 있는 대상에 대해 썼기 때문에 행간에 생략된 내용이 있더라도 바로바로 생각으로 채워 가며 이해하지. 그래서 자기 글을 자기 눈으로만 읽으면 아무리 봐도 글의 결점이 보이지 않아.

읽는 사람이 어떻게 느낄지 고려하면서 쓰는 습관을 들여야 해. 편지를 다 쓰고 나서 받는 사람의 눈으로 다시 읽어 보면 쓸 때는 안 보이던 것들이 보이지? 실수로 놓친 부분이 선명하게 드러나. 자기소개서는 면접관의 관점에서, 보고서는 보고받는 사람의 관점에서 어떤 표현이 좋을지 상상하며 쓰면 도움이 돼. 내 글을 남의 글 보듯이 하자. 그래야 쓸 때 잘 쓰고, 고칠 때 잘 고칠 수 있어. 자기 글을 한 문장도 못 지우는 사람이라도 남의 글은 문단을 들어낼 만큼 과감해지거든.

글을 쓸 때는 '악마의 대변인Devil's Advocate'을 옆에 둬야 해. 악마의 대변인은 가톨릭교회에서 유래했어. 가톨릭에서 성인은 매우 중요한 인물이야. 누군가를 성인으로 추대하는 일은 그만큼 조심스럽지. 악마의 대변인은 성인 추대에 반대하는 의견을 집중적으로 제시하는 역할을 맡아. 잘못된 판단을 막고, 올바른 결정을 내리려고 교회가 마련한 장치야. 자기 글에 대해 비판적인 의견을 말해 줄 악마의 대변인을 곁에 두자. 사람들이 내 글을 칭찬한다고 마냥 좋아하면 안 돼. 그럴수록 냉정한 시선으로 자기 글을 바라보기가 어려워지지. 주변 사람에게 냉정히 봐 달라고 부탁해도 좋아. 하지만 가장 중요한 비판자는 바로 나 자신이야. 좋은 글을 쓰려면 내 눈부터 '새로 고침' 할 필요가 있어.

소리 내서 읽어도 자연스럽다면 합격

자신이 쓴 글을 빠르게 후루룩 읽어 봐. 소리 내서 읽기는 글을 객관화해서 보는 좋은 방법이야. 큰 소리로 읽지 않아도 돼. 내 귀에 살짝 들릴 정도로 읽으면 되지. 소리 내 읽다 보면 어떤 낱말과 표현이 어색한지 감각적으로 판단할 수 있어. 읽다가 턱 걸리는 부분이 나타날 거야. 그 부분은 십중팔구 표현이 부자연스러워. 또는 문장이 길어지면서 주어와 서술어가 어울리지 않거나, 조사나 어미를 잘못 쓴 대목도 소리 내 읽어 보면 여지없이 드러나.

소리 내서 읽을 때 컴퓨터 화면으로 보지 않고, 종이에 출력해서 읽어도 좋아. 모니터로 보는 것과 종이에 인쇄된 글을 읽는 건 다르지. 화면상으로 보이지 않던 문제도 종이로 보면 보일 때가 있어. 글은 말하듯이 자연스럽게 읽혀야 해.

글을 죽이는 글쓰기와 글을 살리는 글쓰기가 있어. 불같은 사랑에 빠지면 연인의 모든 점이 좋아 보이지. 과도한 애정은 눈을 멀게 해. 눈이 멀면 제대로 보지 못하지. 마찬가지로 자기 글에 너무 빠져 있으면 잘못된 점이 보이지 않아. 문제를 고치지 않으면 글은 나빠지겠지. 글을 죽이는 글쓰기야. 글을 잘 쓰고 싶다면 애정 대신 냉정을 택해야 해. 자기 글을 멀리서 보는 거야. 즉 거리를 두고 객관적으로 바라봐야 해. 그럴수록 글이 더 좋아질 수 있어. 퇴고하는 과정에서 애정은 독이야. 잘못된 부분을 냉정하게 지울수록 글은 오히려 생생하게 살아나지. 글을 살리는 글쓰기야.

재능이 없어서 못 쓴다는 핑계는 안녕

드디어 수업이 모두 끝났어. 너희가 여기까지 와서 기뻐.

수업에 끝까지 집중해 줘서 고맙고. 글을 쓸 때 선생님이 말한 원칙을 꼭 기억하고 실천하길 바라. 그러면 어느새 너희도 글쓰기 고수가 되어 있을 거야. 글쓰기 고수가 아직도 꿈같은 이야기로 들린다고? 재능이 없어서 글을 못 쓴다는 핑계는 이제 그만. 오리엔테이션 시간에 실용적 글쓰기는 재능이 없어도 잘할 수 있다고 했지? 꾸준히 쓰는 게 중요해. 처마 끝에서 떨어지는 물을 낙숫물이라고 해. 낙숫물이 오랜 세월 떨어지면 댓돌에도 구멍이 생겨. 물방울은 약하지만, 한 방향으로 끊임없이 떨어지면 큰 힘을 발휘하지. 물이 돌을 뚫는 기적이야. 꾸준히 하는 게 진짜 재능이고 힘이라는 사실을 기억하자.

퇴고 체크 리스트

마지막 복습 시간에는 퇴고할 때 참고할 체크 리스트를 살펴보자.
글을 다 쓴 뒤에 반드시 확인해야 할 사항이야.

1 짧고 쉽고 간결한가?

- 군더더기는 없나?
- 어려운 한자어는 없나?
- 문장이 너무 길지 않나?
- 이중부정 표현처럼 쓸데없는 표현은 없나?
- 겹치는 표현은 없나?
- '의', '것'과 '–들', '–화', '–적'을 남발하지 않았나?
- 쓸데없는 부사(특히 접속부사)는 없나?

2 바른 문장인가?

- 꼭 필요한 성분을 생략하지 않았나?
- 단어를 정확하게 썼나?
- 모호하거나 중의적인 표현은 없나?
- 맞춤법을 잘 지켰나?
- 조사나 어미 등이 문법에 맞게 쓰였나?
- 띄어쓰기가 바른가?

3 자연스럽고 매끄러운가?

- 문장성분 간의 호응은 잘 맞나?
- 단어나 구 등을 나열할 때 격을 잘 맞췄나?
- 피동 표현을 남발하지 않았나?
- 번역 투 표현은 없나?
- 꾸미는 말과 꾸밈받는 말 사이의 거리가 가까운가?
- 의미의 호응, 논리적 호응은 적절한가?

복습 시간 정답

1장 정답

- 불확실성이 시장을 지배하는 상황에서 기업들은 투자를 보류한다.

  시장이 불확실한 상황에서 기업들은 투자를 미룬다.

- 지구온난화는 제반의 환경 파괴의 문제를 야기하고 있다.

  지구온난화는 온갖 환경 파괴를 일으키고 있다.

- 회사는 사고 발생에 대한 원인에 대해 일체의 언급을 회피했다.

  1. 회사는 사고가 일어난 원인을 전혀 말하지 않았다.
  2. 회사는 사고 원인을 전혀 말하지 않았다.

- 피곤해서 초저녁부터 다음 날 아침까지 숙면을 취했어.

  피곤해서 초저녁부터 다음 날 아침까지 푹 잤어.

- 그가 범인이라는 말을 듣고 경악을 금치 못했다.

  1. 그가 범인이라는 말을 듣고 깜짝 놀랐다.
  2. 그가 범인이라는 말을 듣고 소스라치게 놀랐다.

- 단도직입적으로 말해서 한국 경제는 중차대한 시기를 맞이하고 있다.

  한마디로 말해서 한국 경제는 중요한 시기를 맞았다.

2장 정답

- 아이를 믿고 맡길 수 있는 방과 후 교육 시설이 맞벌이 부부에게 필요하다는 것을 알 수 있다.

  아이를 믿고 맡길 방과 후 교육 시설이 맞벌이 부부에게 필요하다.

- 부정적인 생각에만 몰두하는 사람은 실패를 하게 되고 만다.

  1. 부정적인 생각만 하는 사람은 실패한다.

  2. 부정적으로만 생각하는 사람은 실패한다.

- 우리나라의 최저임금제도는 너무 경직적이고 획일적이라 하지 않을 수 없다.

  우리 최저임금제도는 너무 획일적이고 경직적이다.

- 세월호 참사는 인재라 하지 않을 수 없을 것이다.

  세월호 참사는 (분명한) 인재다.

- 이스라엘과 팔레스타인은 평화를 추구하지 않으면 안 된다.

  이스라엘과 팔레스타인은 평화를 추구해야 한다.

- 누구나 행복을 바라지 않는 바는 아니다.

  누구나 행복을 바란다.

- 집중을 해서 조각을 하면 복잡한 생각도 어느새 정리가 된다.

  집중해서 조각하면 복잡한 생각도 어느새 정리된다.

3장 정답

- 그는 요리사가 요리하듯이 요리를 했다.

그는 요리사처럼 요리했다.

- 공무원의 가장 좋은 점은 정년이 보장되는 점이다.

1. 공무원의 가장 좋은 점은 정년 보장이다.
2. 공무원의 최대 장점은 정년 보장이다.

- 어떤 사람의 소지품이나 사용한 물건을 보면 그 사람이 어떤 사람인지 알 수 있다.

소지품이나 사용한 물건을 보면 그 사람에 대해 알 수 있다.

- 약육강식은 자연계의 불가피한 현상이므로 피할 수 없다.

1. 약육강식은 자연계의 불가피한 현상이다.
2. 약육강식은 자연계에서 피할 수 없다.

- 독립투사들은 일제에 맞서 죽기를 각오하고 결사적으로 싸웠다.

1. 독립투사들은 일제에 맞서 결사적으로 싸웠다.
2. 독립투사들은 일제에 맞서 죽기를 각오하고 싸웠다.

※'결사적決死的'은 '죽기를 각오하고 있는 힘을 다하는 것'을 뜻해. 의미가 중복되지?

- 실력이 더 뛰어난 회사가 압도적으로 승리할 수밖에 없을 것이다.

1. 실력이 뛰어난 회사가 압승한다(대승한다, 크게 승리한다).
2. 실력 있는 회사가 압승한다(대승한다, 크게 승리한다).

4장 정답

- 문제의 해결은 그다음의 일이다.

  문제 해결은 그다음 일이다.

- 우리가 누구보다 가장 먼저 사랑할 사람은 다른 사람이 아니라 자기의 주변의 사람들이다.

  1. 우리가 가장 먼저 사랑할 사람은 자기 주변 사람들이다.
  2. 우리는 자기 주변 사람들을 가장 먼저 사랑해야 한다.

- 우리가 원하는 것은 평화이다.

  우리는 평화를 원한다.

- 성공에는 꾸준히 하는 것이 필요하다.

  성공하려면 꾸준함이(끈기가) 필요하다.

- "낙숫물이 댓돌을 뚫는다"라는 게 있다. 꾸준함이 중요하다는 것이다.

  "낙숫물이 댓돌을 뚫는다"라는 속담이 있다. 꾸준함이 중요하다는 뜻(의미)이다.

- 폐쇄적인 사회를 개방적인 사회로 전환해야 한다.

  1. 폐쇄 사회를 개방사회로 전환해야 한다.
  2. 닫힌사회를 열린사회로 바꿔야 한다.

5장 정답

- 이 제품의 가장 큰 장점은 싸고 편리하다.

1. 이 제품의 가장 큰 장점은 싸고 편리하다는 것(점)이다.

2. 이 제품은 싸고 편리해서 좋다.

- 내일은 바람과 눈발이 날리겠습니다.

내일은 바람이 불고 눈발이 날리겠습니다.

- 비가 많이 오니까 우산과 비옷을 입고 가.

1. 비가 많이 오니까 우산을 들고 비옷을 입고 가.

2. 비가 많이 오니까 우산과 비옷을 챙겨 가.

- 인류는 자연을 이용하는 동시에 적응해 왔다.

인류는 자연을 이용하는 동시에 자연에 적응해 왔다.

- 작년에는 독일, 호주, 페루, 샌프란시코 등에 다녀왔어.

작년에는 독일, 호주, 페루, 미국 등에 다녀왔어.

- 두 대의 버스와 택시 세 대가 추돌했다.

1. 버스 두 대와 택시 세 대가 추돌했다.

2. 두 대의 버스와 세 대의 택시가 추돌했다.

※5중 추돌 사고인데, 두 대의 버스와 한 대의 택시를 합쳐 모두 세 대라고 오해할 수 있겠지?

6장 정답

- 저희 가게는 수입산은 쓰지 않습니다.

  저희 가게는 외국산은 쓰지 않습니다.

- 이번에는 웬지 합격할 것 같더니 드디어 경찰이 됬구나.

  이번에는 왠지 합격할 것 같더니 드디어 경찰이 됐구나(되었구나).

- 생일이 몇 월 몇 일이야?

  생일이 몇 월 며칠이야?

- 김치찌개를 만드려고 하는데 비법 좀 알려 줄래?

  김치찌개를 만들려고 하는데 비법 좀 알려 줄래?

- 퇴근길에 보니까 그 가게 이름이 바꼈더라.

  퇴근길에 보니까 그 가게 이름이 바뀌었더라.

- 문 여는 시간은 10시부터입니다.

  1. 문 여는 시간은 10시입니다.

  2. 문은 10시에 엽니다.

- 너 만큼 나도 열심히 준비했으니까 준비한만큼 실력을 발휘해야지.

  너만큼 나도 열심히 준비했으니까 준비한 만큼 실력을 발휘해야지.

- 사실 대로, 네가 들은대로 이야기해 줄래?

  사실대로, 네가 들은 대로 이야기해 줄래?

7장 정답

- 전 국민으로부터 **보내진** 구호품이 수재민에게 **전달됐다.**

1. 전 국민이 보낸 구호품이 수재민에게 전달됐다.

2. 수재민은 전 국민이 보낸 구호품을 받았다.

- 고객 여러분, **즐거운 여행 되고** 계십니까?

고객 여러분, 즐겁게 여행하고 계십니까?

- 일본어 투를 **공부함에 있어서** 그 점이 매우 중요하다.

일본어 투 공부에서 그 점이 매우 중요하다.

- 꾸미는 단어는 **최대한** 꾸밈받는 단어와 가까이 둔다.

꾸미는 단어는 꾸밈을 받는 단어와 최대한 가까이 둔다.

- 전화로 치킨을 **주문시켰다.**

전화로 치킨을 주문했다.

- 모여진 성금은 재난을 당한 사람에게 유용하게 쓰여질 것으로 보여진다.

1. 모인 성금은 재난을 당한 사람에게 유용하게 쓰일 것으로 보인다.

2. 모인 성금은 이재민에게 유용하게 쓰일 것이다.

8장 정답

- 나는 영화를 좋아해.

나는 SF 영화를 좋아해. 특히 인간과 로봇의 대결을 다룬 SF 영화가 좋아.

- 도토리나무에는 여러 종류가 있다.

도토리나무에는 떡갈나무, 신갈나무, 갈참나무, 졸참나무, 굴참나무, 약밤나무, 상수리나무, 너도밤나무 등이 있다.

- 그 학생은 의대에 가려고 상당히 오랫동안 공부했다.

그 학생은 의대에 가려고 6년간 공부했다.

- 그 식당에는 언제나 손님이 많다.

점심시간에 족히 한 시간은 기다려야 할 만큼 그 식당에는 언제나 손님이 많다.

- 그는 키가 무척 크다.

1. 그의 키는 190cm가 넘는다.
2. 그는 택시를 탈 때마다 머리가 아프다. 키가 크다 보니 차 천장에 머리를 쿵쿵 찧기 때문이다.

- 사냥개가 피투성이가 된 채 도망가는 노루를 쫓고 있다.

피투성이가 된 사냥개가 도망가는 노루를 쫓고 있다.

피투성이가 된 채 도망가는 노루를 사냥개가 쫓고 있다.

사춘기를 위한 문장력 수업

초판 1쇄 발행 2024년 1월 10일
초판 2쇄 발행 2024년 10월 23일

지은이 | 오승현

발행인 | 박재호
주간 | 김선경
편집팀 | 강혜진, 허지희
마케팅팀 | 김용범
총무팀 | 김명숙

디자인 | 디자인 잔
일러스트 | 금요일
교정교열 | 김선례
종이 | 세종페이퍼
인쇄·제본 | 한영문화사

발행처 | 생각학교
출판신고 | 제25100-2011-000321호
주소 | 서울시 마포구 양화로 156(동교동) LG팰리스 814호
전화 | 02-334-7932 **팩스** | 02-334-7933
전자우편 | 3347932@gmail.com

ISBN 979-11-91360-97-4 (43700)